Yunusaliyeva Guljahon Arabboy qizi

Bolalarda kreativ fikrlash va ijodkorlikni rivojlantirish

(Development of creative thinking and creativity in children)

© Yunusaliyeva Guljahon Arabboy qizi
**Bolalarda kreativ fikrlash
va ijodkorlikni rivojlantirish**
by: Yunusaliyeva Guljahon Arabboy qizi
Edition: September '2024
Publisher:
Taemeer Publications LLC (Michigan, USA / Hyderabad, India)

ISBN 978-93-5872-494-3

© **Yunusaliyeva Guljahon Arabboy qizi**

Book	:	**Bolalarda kreativ fikrlash va ijodkorlikni rivojlantirish**
Author	:	Yunusaliyeva Guljahon Arabboy qizi
Publisher	:	Taemeer Publications
Year	:	'2024
Pages	:	110
Title Design	:	*Taemeer Web Design*

MUNDARIJA

1. Kreativlik tushunchasining mazmuni va ahamiyati.

2. Kreativlik tushunchasining fanga kirib kelishi tafsilotlari va unga zamonaviy yondashuvlar

3. Maktabgacha ta'limda kreativlikka xos bo'lgan xususiyatlar va ularning tasnifi haqida.

4. Kreativ yondashuv orqali bolalarda tasavvur va tafakkurni shakllantirishning ijobiy tomonlari.

5. Maktabgacha ta'lim tashkilotlarida pedagog tarbiyachilarning kreativligi va o'ziga xos jihatlari.

6. Maktabgacha ta'lim tashkiloti tarbiyachilarining umumiy kompetensiyalari tasnifi.

7. Pedagogik kreativlik va ijodkorlik orqali bolalarda kognitiv qobiliyatlarini rivojlantirishning usul va metodlari.

8. Maktabgacha yoshdagi bolalarni har tomonlama rivojlanishida tarbiyachining kreativ yondashuvi va rivojlangan davlatlarning ta'lim jarayonidan andoza olib, mentalitetga mos ravishda qayta ishlab uni amalda qo'llash.

KIRISH

Kreativ fikrlashning insoniyat faoliyatidagi ahamiyati va dolzarbligi shundan iboratki, inson butun hayoti davomida murakkab sharoitlarda muammolarni hal qilish, yashash sifatini oshirishda yaxshiroq natijaga erishish imkonini beruvchi bilim va tajribaga asoslangan real ko'nikmadir. Hozirgi zamon texnika asri bo'lganligi uchun bolalarda hayotga nisbatan qiziqishdan ko'ra vertual dunyoga qiziqish kuchayib ketgan. Ularda ijodkorlik, yaratuvchanlik, mustaqil hamda tanqidiy fikrlash, qiziqish darajasi keskin darajada tushib ketgan. Kreativ fikrlash asosan ikki narsaga bog'liqdir: Tanqidiy fikrlash va ijodkorlik. Tanqidiy fikrlash bu – aniq va oqilona fikrlash bo'lib, mantiqiy va ilmiy fikrlash qoidalarini o'z ichiga oladi. Ijod-bu insonning tafakkuri, xotirasi, tasavvuri ishtirok etadigan faoliyatdir. Bunda inson moddiy va ma'naviy ne'matlarni yaratadi. Butun dunyo fan va texnalogiyalardan tortib falsafa, san'at ijtimoiy va gumanitar fanlar kabi turli sohalarda insoniyat kreativ yondashuv orqali yuqori darajadagi yutuqlarga erishgan. Kreativlik va ijodkorlik maktabgacha yoshdan shakllantirib, rivojlantirib borilsa kelajakda koʻplab tadqiqotchi, olim va kashfiyotchilar yetishib chiqadi. Yurtimizda bugungi kunda asosiy eʼtibor bolalarning taʼlim-tarbiyasiga ularning yuksak maʼnaviyatli, yetuk tafakkur egasi boʻlib shakllanishiga qaratilgan. Prezidentimiz Sh.M.Mirziyoyev taʼkidlaganlaridek,"Yoshlarimiz mustaqil fikrlaydigan, yuksak intelektual va maʼnaviy salohiyatiga ega boʻlib, dunyo miqyosida oʻz tengdoshlariga hech qaysi sohada boʻsh kelmaydigan insonlar boʻlib kamol topishi, baxtli boʻlishi uchun davlatimiz va jamiyatimizning bor kuch imkoniyatlarini safarbar etamiz" deb aytganlar [1]. Prezidentimiz tomonidan mamlakatimizda oʻsib, ulgʻayayotgan avlodni har tomonlama yetuk, barkamol avlod qilib voyaga yetkazish, taʼlim-tarbiya jarayonida samarali usullarni tashkil etish boyicha keng koʻlamli ishlar amalga oshirilmoqda. Taraqqitot strategiyasi loyihasiga koʻra kelgusi besh yil davomida maktabgacha taʼlimdagi qamrov darajasini oltmish ikki foizdan sakson foizgacha yetkazish maqsad qilindi. 2026-yilga kelib esa olti yoshli bolalarni yuz foiz maktabgacha tayyorlov

---

[1] M.U.Oripova. Kreativlik tushunchasi, mazmun mohiyati va ularning nazariy metodologik asoslari.-Toshkent. 2022.324-bet.

tizimi bilan qamrab olish kutilmoqda. Buning uchun ko'plab nodavlat maktabgacha ta'lim muassasalarini qurish va kadrlar malakasini oshirish asosiy masala qilib qo'yildi. Maktabgacha ta'lim tizimida korrupsiyalar va moliyaviy qonunbuzarliklarni oldini olish maqsadida yagona axborot tizimini yaratish yo'lga qo'yilmoqda [2].

Prezident qarorlari, murojatnomalarida ham mazkur masalaga alohida e'tibor qaratilgan: O'zbekiston Respublikasi Prezidentining PQ-4312-son 08.05.2019-yildagi qaroriga muvofiq O'zbekiston Respublikasi maktabgacha ta'lim tizimini 2030-yilgacha rivojlantirish konsepsiyasi tasdiqlandi. Konsepsiya O'zbekiston Respublikasida maktabgacha ta'limni rivojlantirishning maqsadlari, vazifalari, ustuvor yo'nalishlari, o'rta va uzoq muddatli istiqboldagi bosqichlarini belgilaydi hamda maktabgacha ta'lim sohasini rivojlantirishga yo'naltirilgan dastur va kompleks chora-tadbirlarini ishlab chiqish uchun asos bo'ladi [3].

---

[2] O'zbekiston Respublikasi Prezidentining Farmoni, 28.01.2022. PF-60-son.

[3] O'zbekiston Respublikasi Prezidentining qarori, 08.05.2019.PQ-4312-son.

2022-yil 15-noyabr kuni Toshkent shahrida maktabgacha yoshdagi bolalarni tarbiyalash masalalari bo'yicha jahon konferensiyasi bo'lib o'tdi. Prezidentimiz o'z nutqlarida dunyodagi millionlab bolalarda boshlang'ich ta'lim olish imkoniyatlari cheklangani haqida mutaxassislar birlashib, maktabgacha ta'lim qamrovini oshirish muhimligini aytdilar. O'zbekistonda "Inson qadri, uning huquq va manfaatlari -oliy qadriyat" degan tamoyil asosida aholi uchun munosib turmush sharoiti yaratilayoyganligi ta'kidlandi. "Bu borada yoshlar va bolalarga e'tibor va g'amxo'rlik ko'rsatish, ularni jismoniy va ma'naviy barkamol etib tarbiyalashga alohida ahamiyat qaratmoqdamiz. Bolalarni kichik yoshdan boshlab rivojlantirish orqali kelajakda ularning o'zligini to'la namoyon etishiga mustahkam zamin yaratyapmiz. Zero, bu ezgu maqsadimiz yo'lida sarflangan investitsiyalar ertaga bir necha barobar ortig'i bilan qaytishiga shubha yo'q",-dedi Shavkat Mirziyoyev. Maktabgacha yoshdagi bolalarga ta'lim-tarbiya berish sifatini oshirish uchun avvalambor ilg'or tarbiya usullarini va metodikasini joriy etish ayniqsa, tarbiyachi va pedagoglarni malakasini oshirish, oliy-ma'lumotli kadrlarni o'z kasbiga nisbatan ijodkorlik va kreativlik ruhida yondashishiga alohida e'tibor qaratib kelinmoqda. Kreativ yondashuv dastlab buyuk mutafakkir Abu Ali ibn Sini qarashlarida yoritilganligini ko'rishimiz mumkin. Jumladan, "O'qituvchi va pedagoglar o'z o'quvchilarining mayl, intilish, faolligi, qobiliyati, iste'dodi va layoqadini aniqlamasdan turib, uni ijodiy fikrlashga yo'naltira olmaydi" deb ta'kidlagan. Jaloliddin Davoniy "Axloqi Jaloliy" nomli asarida insoniy fazilatlarda aqliy qobiliyat va aqliy iste'dodni tarbiyalash uchun zukko, zehnli, fahm-farosatli, ijodkor bo'lish va bilimlarni tez eslab qolish, ularni anglab yetish lozimligi haqida aytgan. Buyuk shoh va shoir Zahiriddin Muhammad Bobur qarashlarida ham kreativlikni ko'rishimiz mumkin. U inson shaxsini taraqqiy ettirishni asosiy yo'llaridan biri deb, muammoli vaziyatni, ijodkorlikni tushunadi va undan o'zi ham hayoti davomida samarali foydalangan [4].

P.F.Legeft maktabgacha yoshdagi bolalarda kreativ tafakkurni shakllantirishni o'rgangan tadqiqotchilardan biri. Uning fikricha bu davrda bolaning kelajakda qanday xarakter va xislatlaga ega bo'lishi belgilanadi va axloqiy xarakterning asoslari yuzaga chiqib, namoyon bo'ladi degan.

---

[4] D.Sharipova, D.P.Xodiyeva, M.K.Shirinov. Kreativlik(lot.,ing."create"-yaratish,"creative"-yaratuv.Toshkent.2019.

Kreativlikni rivojlanishiga J.Guilford, K.Heller, M.S.Leites, A.M.Matyushkin, O.M.Dyachenko kabi olimlar o'z hissalarini qo'shganlar. Ular kreativlikni boshqa psixalogik jarayonlardan ajralib turuvchi tafakkurning o'ziga xos jihati sifatida ta'rif berganlar. Kreativlikni bolalarning shaxsiy fazilatlari va ularning tasavvuri bilan bog'laganlar. Ijodiy tafakkur va ijodiy tasavvur insonning ijodiy qobiliyatining muhim qismidir deb o'z qarashlarini bildirganlar. XXI asrga kelib O'zbekiston Respublikasining ta'lim sohasida ham kreativlik termini ishlatila boshlandi. J.G'.Yo'ldoshev, R.A.Mavlonova kabi pedagog olimlar ilmiy ishlarida Kreativlik-bu innovatsion faoliyatning alohida ko'rsatkichi sifatida tahlil qilib berganlar. R.A.Mavlonovaning "Boshlang'ich ta'limda pedagogika, innovatsiya, integratsiya" nomli o'quv qo'llanmasida kreativlik haqida uning shakllanish masalalarini yoritib bergan. Yana o'zbek olimlaridan E.G'oziyev, P.Sunnatov, Z.Nishonova tafakkur psixalogiyasi, mustaqil fikrlash, ijodiy fikrlash psixofiziologik xususiyatlarini ilmiy jihatdan asoslab berishga katta hissa qo'shishgan. Rus psixolog olimlari O.Tixomirova, L.A.Venger, L.S.Vigotskiy tomonidan tafakkutni o'rganish borasida tadqiqotlar o'tkazilgan. A.Maslou hamda

D.Veksler inson hayotida kreativ qobiliyatni rivojlanish xususiyatlarini o'rganib chiqqanlar. Ular tomonidan ishlab chiqilgan kreativ tafakkurni aniqlash metodikasi hozirgi kunda ham mavjud. Amerikalik psixolog olim DJ.Gilford ilmiy ishlarida kreativlik va intekektni 1-marotaba taqqoslab bergan. Kreativlikni otasi nomini olgan Pol Torrens kretivlikni tafakkur terminlarida ta'riflagan hamda bolalar kreativligini shakllantirish dasturini va yosh bolalarda kreativlikni aniqlash testlarini yaratgan[5].

---

[5] T.T.Nazarov. A.M.Sayupova.Maktabgacha yoshdagi bolalarni kreativ fikrlashga o'rgatishning psixalogik aspektlari.-Toshkent. 182-bet.

Kreativlik tushunchasining fanga kirib kelishi tavsilotlari va unga zamonaviy yondashuvlar. Kreativlik tushunchasi dastlab lotin tili orqali ingliz tiliga kirib kelgan. Ingliz tili orqali boshqa tillarga o'zlashtirilgan. Bizning o'zbek tiliga ham bu atama ingliz tili orqali kirgan. Kreativ (ing. Create) yaratish kreativlik (creative) yaratuvchi, ijodkor tushunchalarini anglatib, yangi g'oyalarni ishlab chiqarish, ijodkorlik qobiliyati ma'nolarini beradi. Insondagi kreativ qobiliyat – bu turli xil masalalar yuzasidan har tomonlama fikrlash, mohiyatni yorqin ranglarda ko'rish va ko'rsata bilishdan iborat. Albert Enshteyn aytganidek, tasavvur – bilimdan kuchlidir. Demak ko'rinib turibdiki, tasavvur birlamchi hisoblanadi. Tasavvuri keng insonda kreativ fikrlash qobiliyati yuqori darajada bo'ladi. Hayotni turli xil ranglarda ko'ra oladi, muayyan muammolarni o'zgacha usullar bilan bartaraf etadi. Dastlab kreativlikni o'rganish 1967-yilda Gifert tomonidan boshlangan. 1974-yilda esa Torist kreativlikning muayyan muammoga ta'sirchanlik paydo bo'lishi jarayonini aniqlagan. Yurtimizda kreativlik termini XXI asrdan boshlab qo'llanila boshladi. Ta'limning turli xil sohalarida bir xillik qolipdan chiqib, hilma-hillik, rang baranglik tizimiga o'tish zarur. Inson o'z ustida ishlab doimo hayoti davomida yangilikka, yorqinlikka intilib kreativ qobiliyatini rivojlantirib borishi kerak. Zamonaviy ta'lim standartlari pedagogdan nafaqat yuqori malakani va doimiy kasbiy rivojlanishni, balki o'z ishiga ijodiy yondashishni ham talab qiladi. Bu uzluksiz kechiktirib bo'lmas jarayondir. O'qituvchining qay darajada kreativ ekanligi, qanchalik xilma-xil metodlardan foydalana olishi, zamonaviy bilimlarni o'zlashtira olishi va sifat jihatdan yangiliklarni yaratishi juda katta ahamiyat kasb etmoqda.[6] Kreativlik va ijodkorlik birdaniga shakllanib ketmaydi. Uni muayyan bosqichlarda shakllantirib so'ng rivojlantirib boriladi. Bola oq qog'oz kabidur yoshlikdan bu qog'ozga qanday sahifalar yozilsa, keyingi hayoti davomida bu o'z natijasini beradi. Bolalarni maktabgacha yoshidan kreativ fikrlashga, ijodkorligini oshirishga ahamiyat berilsa kelajakda ta'limning turli sohalarini isloh qilish, milliy ta'lim tizimini jahon ta'lim standartlariga tenglashtirish, zamonaviy, yuqori malakali kadrlar bo'lib yetishishi uchun poydevor, zamin bo'lib xizmat qiladi. Bunda maktabgacha ta'lim tashkiloti pedagog va

---

[6] M.U.Oripova Kreativlik tushunchasi, mazmuni mohiyati va uning narzariy metodologik asoslari. Toshkent.2022.

tarbiyachilarining ijodkorona mahorati muhim ro'l o'ynaydi. Kreativlik- bu inson tafakkuri va ma'naviyatini ajralmas qismi hisoblanadi. Shaxsning hayoti davomida turli xil bilimlarni egallashi bu kreativlik degani emas, balki yangi g'oyalarni o'ylab topish, oldindan qo'llab kelingan usullar va qoidalarni isloh qilish va uni o'zgartirishda, hayotiy muammolarni yechish jarayonida o'zgacha bo'lgan noodatiy yechimlarni ishlab chiqishda o'z aksini topadi. Kreativlikni asosiy shartlaridan biri, kishilar ijodiy fikrlashi jarayonida yangi g'oyalarni, yangi fikrlarni yaratishi asosiy shartidir. Kreativ fikrlovchi insonlar o'zlarining bebaho tasavvurlari orqali oddiy bo'lgan manzaralardan o'zgacharoq tasvirlarni ko'ra olishadi. Kreativlik qobiliyati haqida Amerikalik psixolog olim Avram Maslou quyidagicha fikr bildirgan. Bu qobiliyat har bir shaxsga xos bo'lgan, lekin oiladagi tarbiya, jamiyatdagi ta'lim va atrof muhitdagi jarayonlar ijtimoiy amaliyot tizimi ta'sirida ko'pchilik tomonidan yo'q qilib yuboriladigan ijodiy yo'nalishdir[7] deb ta'rif beradi. Demak, insonga olloh tomonidan kreativlik qobiliyatlari beriladi.

---

[7] B.S.Ruzimatova, I.I.Yulchiyev. Kreativ Pedagogika- Pedagogikaga yangicha yondashuv. -Farg'ona. 2021.110-bet.

Hayoti davomida bu xususiyatlar ota-ona, o'qituvchilar yoki yon atrofdagi kishilar ta'sirida rivojlanadi yoki butunlay barbod bo'ladi. Texnalogiya va ixtirolar tarixiga nazar soladigan bo'lsak o'tmishda o'tgan atoqli olim va ixtirochilar ham faqat tug'ma iqtidor bilan muvaffaqiyatga erishib qolmaganlar. Fundamental bilimlar bilan bir qatorda maxsus bilimlarni ham egallaganlar. O'z ustilarida qat'iy ishlab tajriba orttirganlar. Noyob qobiliyatlari va salohiyatlari natijasida ko'plab ixtirolar qilingan. Kreativlik – bu o'z-o'zini takomillashtirib va rivojlantirib boradigan shaxsiy xususiyatdir. Kreativlikni: ijodga intilish, hayotga ijodiy yondashish, o'ziga doimiy tanqidiy nazar solish va tahlil qilish deyish mumkin. "Kreativlikni otasi" nomi bilan mashhur Pol Torrans to'rtta kreativlik ko'nikmasini aniqlagan. Uning olib borgan tadqiqotlari shundan dalolat beradiki, mazkur kreativ ko'nikmalarni shakllantirish va ularni baholash mumkin.
1. Ravonlik. Ko'plab g'oyalarni o'ylab topish ko'nikmasi ko'p degan so'zga asoslanadi.
2. Moslashuvchanlik. Turli g'oyalarni o'ylab topish ko'nikmasini o'zgartirish degan so'zga asoslanadi.

3. O'ziga xoslik. Boshqalarga o'xshamagan, ajralib turuvchi g'oyani o'ylab topish ko'nikmasi noyob degan so'zga asoslanadi.

4. Yaratuvchanlik. G'oyalarni kengaytirish ko'nikmasi qo'shish degan so'zga asoslanadi.

Patti Drepeau tomonidan ham shaxsda kreativlik sifatlarini muvaffaqiyatli rivojlantirishning to'rtta yo'lini ko'rsatgan.

1. Kreativ fikrlash ko'nikmasini shakllantirish;
2. Amaliy kreativ harakat ko'nikmalarini rivojlantirish;
3. Kreativ faoliyat jarayonlarini tashkil etish;
4. Kreativ maxsulot(ishlanmalardan) foydalanish.

boshqalarni Patti Drepeauning fikricha o'qituvchi pedagogning kreativligi ijodiy jarayonini tashkil etishga ruhlantiradi[8]. Pedagogni o'z kasbiga nisbatan qanchalar ijodkorona yondashishi uni qo'l ostidagi ta'lim va tarbiya oluvchilar uchun ahamiyati juda katta. Chunki, ustoz qanchalar tajribali bo'lib, dars va mashg'ulotlarni turli hil metodlardan foydalanib, qiziqarli va tushunarli qilib o'tsa bolalar o'rgatilgan bilimlarni tez va oson qabul qiladilar. Har bir maktabgacha ta'lim tashkilotining tarbiyachisi mashg'ulot jarayonida

---

[8] S.Y.Saidg'aniyeva, SH.R.Abdullayeva, I.Abduqunduzov. Kreativ pedagogik faoliyatni rivojlantirishning asosoy omili sifatida.-Guliston. 2021. 170-bet.

o'zining kreativligini namoyon qila olishi, bolalarda ijobiy taassurot uyg'ota olishi, mashg'ulotlarni mazmunli va sifatli tarzda olib borishi eng dolzarb masala hisoblanadi. Shuni anglagan holda pedagoglar avval o'zlaridagi ijodkorlikni rivojlantirsalar ulardan ta'lim va tarbiya olgan bolalarda ham bu xususiyatlar shakllanib boradi. Zamonaviy ta'lim tizimida o'qituvchi faoliyatining ustuvor yo'nalishi muloqotning dialogik usullariga, yechimni birgalikda izlashga va turli ijodiy faoliyatga beriladi. Bularni o'qitishning interfaol usullarini qo'llash orqali amalga oshiriladi. Interfaol ta'lim jarayonida bolalar tanqidiy fikrlashni, vaziyat va tegishli ma'lumotlarni tahlil qilish asosida murakkab masalalarni yechishni, muqobil fikrlarni topishni, puxta o'ylangan qarorlar qabul qilishni, muhokamalarda qatnashishni o'rganadilar. Buning uchun dars va mashg'ulotlar juftlik hamda guruh usullari asosida tashkil etiladi, rolli o'yinlar qo'llaniladi[9]. Kishi o'z mehnat jarayonida qandaydir yangilikni yaratganda yoki oldingi holatiga o'zgartirish kiritganda bu mehnat turi ijodiy xarakterga ega bo'ladi. Faoliyati davomida moddiy yoki

---

[9] B.S.Ruzimatova. I.I.Yulchiyev. Kreativ Pedagogika- Pedagogikaga yangicha yondashuv.-Farg'ona. 2021.110-bet.

ma'naviy mahsulotni yaratish ijod qilish deyiladi. Ijodiy xarakterga ega bo'lishdan oldin insonda ishonchli g'oya va yuqori darajadagi qiziqish bo'lishi kerak. Ijod qilishning asosiy negizi tasavvurning kengligidadur. Tasavvur qilish qobiliyati bo'lmasa ijod ham bo'lmaydi. Yangi narsalarni yaratishdan oldin bilimlarga asoslangan holda fikran tasavvur qilish kerak. Ilhomlanish tufayli kishining qobiliyati va ma'naviy kuchlari yanada ko'tarinki ruhda bo'ladi. O'zgacha fikrlar tug'iladi, mehnat faoliyatining samarasi yuqori darajada bo'ladi. Bundan o'ziga ishonch, qoniqish tuyg'usini his qiladi. Ilhomlanish faqat shoirga, rassomga yoki san'atkorga kerak degani emas balki, har bir sohaning mutaxassisi uchun zarur bo'lgan xususiyatdir. Pedagog tarbiyachilar ham mashg'ulotlari davomida biror ertak, hikoya yoki asarni o'qib berayotganda har bir qahramonning ro'liga kirib, ilhomlanib, ovoz tempini o'xshatish orqali ijodkorona yondashsa bolalarning dunyoqarashlari kengayadi. Eshitgan ertak va asarlari bo'yicha miyyasida sintez paydo bo'ladi, voqealarni tahlil qiladi. Undan savol-javob tarzida so'ralganda o'z fikrlarini aytadi. Natijada mustaqil fikrlash qobiliyati rivojlanadi. Ertak qahramonlari o'rtasidagi munosabatlarga tanqidiy fikrlashni boshlaydi ya'ni vaziyatga to'g'ri baho berib, muammolarni yechib, sharhlab beradi. Kreativlikni kasbiy hayot usuli, koʻp qirrali ta'lim jarayoni va tizimning maqsadlari, mazmuni, texnalogiyalari sathida yangi pedagogik voqelikni yaratish istagi va malakasi deyish mumkin. Jan Piajening qarashlariga koʻra "Ta'lim maqsadi oldingi ajdodlar yaratgan narsalarni takrorlash bilan kifoyalanmasdan, yangicha maxsulotlarni yaratishga qodir, ijodkor, kashfiyotchi insonlarni tarbiyalashdir" deb fikr bildirgan. Bolalarni yoshlik chogʻidan qiziqishlarini aniqlab, shu faoliyatlarga yoʻnaltirilsa, uning qobiliyati, ijodkorligi rivojlanib boradi. Albatta bunda tarbiyachi birinchi oʻrinda bolalarga oʻzi oʻrnak boʻlishi zarur. U oʻzini shunday tutishi kerakki, uning har bir harakati bolani tarbiyalay olishi muhim sanaladi. Koʻrinib turibdiki, bunda pedagogning mahorati va uddaburonligining roli va ahamiyati yuqori darajada.

Uolt Disneyning kreativ fikrlash nazariyasi: Uolt Disney koʻngilochar sohada oʻz sanoatini yaratgan, animatsion multfilmlari bilan butun dunyoga taniqli shaxs. U dunyoga mashhur persanajlarini yaratishda kreativlikning uch fazosi- xayolparast, realist, tanqidchi obrazidan foydalangan. Ya'ni hayolparast rolida hech qanday chegarasiz xayol suradi, fantaziya yaratadi. Bu jarayonni u Baxning "Tokatta, fuga re minar" musiqasini eshitishini aytgan. Hayolida obrazlar yaratilgandan keyin uni reallik bilan uyg'unlashtiradi. Persanaj qanday harakatlanadi, qanday gapiradi barchasini konstruktor sifatida jonlantiradi, reallashtiradi. Shundan keyin hayolparasy va realist ishini tanqidchi ko'rib chiqadi. Tanqidchi "filtr" vazifasini bajaradi. Uolt Disneyning yutug'i xayolparast, realist, tanqidchini bitta shaxsda jamlay olganidir. Odatiy fikrlovchilarda bularning bittasi ustuvorlik qiladi[10]. Bolalarda yoshlikdan ota-ona, yaqin qarindoshlar, pedagog va murabbiylar, qo'ni-qo'shni va yaqinlari tomonidan samimiy munosabatlar orqali boladagi yutuqlari va albatta kamchiliklarini ham holisona realistik baho berib borilishi kerak. Shunda ilk yoshidanoq boshqalarning munosabatini to'g'ri qabul qilishga hamda o'z vaqtida kamchiliklarini to'g'irlashga o'rganadi. Kreativlik – individning yangi g'oyalarini ishlab chiqarishga tayyorgarlikni tavsiflovchi va mustaqil omil sifatida iqtidorning tarkibiga kiruvchi ijodiy qobiliyat hisoblanadi. Pol Torrens kreativlik haqida quyidagilarni

---

[10] T.T.Nazarov, A.M.Sayupova. Maktabgacha yoshdagi bolalarni kreativ fikrlashga o'rgatishning psixalogik aspektlari.-Toshkent.2021.183-bet.

ifodalab bergan: - Muammolarni hal qilish, ilmiy farazlarni ilgari surish;- Farazlarni tekshirish va tahlil qilib, o'zgartirish;- Qaror natijalariga qarab, muammoni aniqlash;- muammolarni yechimini topishda bilim va amaliy harakatlarning bir-biriga o'zaro qarama-qarshiligiga nisbatan ta'sirchanligini

Bolalarda kreativlikni rivojlantirishni zamonaviy yondashgan holda asosiy shatrlari: Bolalar tomonidan o'zlari qiziqtirgan savollar berilganda ularni qoniqtiradigan darajada javob berish, ularni qo'llab-quvvatlab, rag'batlantirish lozim. Ularda mustaqil fikrlarini rag'batlantirib hamda ularda javobgarlik tuyg'usini shakllantirish darkor. Bolalarni mustaqil faoliyat yuritishlari uchun imkoniyat va sharoitlar yaratish muhim. Bolalarni qiziqish va qobiliyatlarini e'tiborga olishdan iborat. Bolalarda kreativligini rivojlanishiga to'sqinlik qiluvchi omillar ham mavjud: bular o'zini tavakkal qilishdan olib qochish, fikrlar va xatti-xarakatlarda qo'pollikka yo'l qo'yish, bolalardagi tasavvur va hayol fantaziyalarni yuqori baholanmasligi. Boshqalarga qaram bo'lish ya'ni boshqalar yordamisiz harakat qila olmaslik, har qanday holatda ham birinchi bo'lib, yutuqqa intilish sabab bo'ladi. Bunday omillar bartaraf etilsa, shaxsda mustaqil rivojlanish va o'sish paydo bo'ladi.

O'zbekiston Respublikasi har sohada rivojlanib kelayotgan davlatlardan biri bo'lib, maktabgacha ta'limni rivojlantirishda xorijiy davlatlarning tajribalaridan andoza olgan holda ijodiy yondashib, zamon talablariga mos tarzda o'quv metodik qo'llanmalarini amalda tadbiq etish muhim sanaladi. Masalan: Yaponiya rivojlangan davlatlarning sarasiga kiradi. Maktabgacha ta'limga bu davlatda katta e'tibor beriladi, chunki psixologlarning ta'kidlashicha, yetti yoshgacha inson bilimlarni yetmish foizini qolgan o'ttiz foizini butun qolgan umri davomida o'zlashtirar ekan. Maktabgacha tarbiya odatda oiladan boshlanadi. Yapon ayollari uchun onalik birinchi o'rinda turadi. Yapon ayollarining fikricha, bola tarbiyasi-ularning hayotlarining maqsadlaridir. Yaponlar bolalarni erta voyaga yetishi tarafdoridirlar. Turli yoshlarda tarbiyaning turli muammolariga urg'u beradilar. Masalan: bir yosh -o'ziga ishinch hissini uyg'otish, ikki yosh- amaliy san'at qo'l mehnatini ko'rsatish, uch yosh- burch hissini tarbiyalash, to'rt yoshda-yaxshilik va yovuzlikni farqlashga o'rgatish, besh yosh- liderlik hislatlarini tarbiyalash, mustaqillikkka reja tuzish va ularni bajarishga o'rgatishadi.

O'g'il bolalar va qizlar turlicha tarbiyalanadi. O'g'il bolalar oilaning bo'lajak tayanchi sifatida qaraladi va qiyinchiliklarni yengishga o'rgatiladi. Qizlar esa nozik didli, oilada farzandi uchun eng oliy tarbiyachi, hatto uy ishalarini ham san'at darajasida bajara oladigan qilib tarbiyalaydilar[11]. Yapon bolalariga maktabgacha yoshdan alohida e'tibor berilganligi sababli ular kelajakda tabiatan mehnatsevar, aqilli, ishbilarmon bo'lib ulg'ayadilar. Yaponlarning milliy odatlaridan biri ijodkorlik, yaratuvchanlik, eng so'nggi yutuqlarni ham qayta rivojlantirishni yo'lga qo'yish. Insonlarni aqliy imkoniyatlaridan foydalanuvchi fan va tehnikani qo'llashni muhim hisoblashadi. Demak ko'rinib turibdiki, har bir davlatning o'ziga xos afzal tomonlari mavjud. O'zbek xalqi ham o'zining boy madaniyatiga, urf-odatlariga, o'z qarashlariga ega bo'lgan xalq. Qadimdan bolalarni podshoh deb bilib, e'zozlagan mehroqibatli, insonparvar, jannatmakon yurtdir.

Kreativlik bu- XXI asr talabi hisoblanadi. Ijod- insonning fan, texnika, ishlab chiqarish, madaniyat va boshqa sohalarda ijtimoiy ahamiyatga ega bo'lgan yangilik yaratishi, kashf

---

[11] A.B.Murodova, SH.E.Ne'matov. Maktabgacha ta'limni rivojlantirishda xorijiy davlatlarning me'yoriy huquqiy hujjatlarini implementatsiya qilish mehanizmlari.- Toshkent. 2022.755-bet.

etishi bilan bog'liq murakkab psixologik jarayondir. Unda insonni tafakkuri, xotirasi, tasavvuri, diqqati, irodasi faol ishtirok etadi, ijodda bilim, tajriba, namoyon bo'ladi. Buyuk mutafakkirlardan biri Abu Nasr Farobiyning ta'riflashicha, "ijod- bilish jarayonida shunday ulug' fazilatki, inson uni egallashi uchun boshqa hamma fazilatlarini ishga solishi kerak". Shuni aytish mumkinki, inson ijod qilish jarayonida izlanadi, kuzatadi, tadqiqotlar olib boradi, natijalarni tahlil qilib mantiqiy xulosalar chiqaradi. Xulosalarning to'g'ri yoki noto'g'riligi tajribada sinab boriladi[12]. Bolalarda ijodkorlik va tasavvurni rivojlantirishda faqat mashg'ulotlargina emas balki, o'yin ham muhim ahamiyatga ega. O'yin bu- maktabgacha yoshdagi bolalarning asosiy faoliyati bo'lib, ijodiy qobiliyatlarning rivojlantirishni samarali usuli hisoblanadi. O'yin orqali bola birinchi ijodoy faoliyatini amalga oshiradi. Ijodiy qobiliyatlarni amalga oshirish uchun bolalar bilan bo'sh vaqtlarda o'ynash mumkin bo'lgan o'yinlar mavjud. B.N.Nikitin, O.M.Dyachenko, N.E.Veraksa tomonidan ishlab chiqilgan o'quv

---

[12] I.T.Uluxanov, G.A.Xusayinova, S.Q.Ubaydullayev. O'qituvchilarning kreativ kompetentligini shakllantirish mezonlari.- Namangan. 2021. 814-bet.

o'yinlari bunga misol bo'la oladi. Bolani fantaziyasi va ijodiy fikrini rivojlantiradigan manbalardan biri bu-ertakdir. Bolalarni tasavvurini rivojlantirish uchun pedagoglar foydalanishi mumkin bo'lgan ko'plab ertak usullari mavjud. Ular orasida ertakni "buzib ko'rsatish" teskari yo'nalishda ertak "o'ylab topish" ertakni davomini "o'zgartirish" hamda bolalar bilan yangi bo'lgan ertak "yozish"[13] kabilar. Albert Eynshteyn o'zining iqtiboslarida keltirganidek, "agar farzandingiz aqilli bo'lishini hohlasangiz ertak o'qib bering, yanada aqilliroq bo'lishini hohlasangiz undanda ko'proq ertak o'qib bering" degan. Bolalarga ertak o'qib berilganda ularda tinglash, tasavvur qilish, hayolot dunyosi shakllanadi. Bu ertaklarni rasmlar asosida ko'rsatib aytilsa ko'rish orqali ertak qahramonlarini ijobiy va salbiy harakterlarini anglab boradi. Ertakni aytib bo'lgach bolalarga qiziqarli tarzda savollar berilsa, bola o'z tasavvuridan kelib chiqib fikrlay boshlaydi natijada nutq rivojlanadi, tafakkuri o'sadi, so'z boyligi ortadi. Bolalarni uch yoshgacha nutqini yaxshi rivojlantirib olinsa, kelajakda boshqa qo'shimcha tillarni ham

---

[13] M.T.Rajabova. aktabgacha yoshdagi bolalarning ijidiy qobiliyatlari va uni samarali rivojlantirish omillari.-Tetmiz.2022.80-bet

o'rganishga qobiliyat paydo bo'ladi. Chunki insonda nutq yaxshi rivojlansagina kognitiv, ijtimoiy-xissiy rivojlanishlar amalga oshadi. Bolalarda ijodkorlikni rivojlantirishda ota-onalarning ro'li muhim ahamiyatga ega. Uning qiziqishlaridan kelib chiqib, sharoitlar yaratib berilishi zarur. Rasm chizishni hohlasa tirli xil bo'yoqlar, kitob o'qishga qiziqsa rang-barang mavzudagi kitoblarni sovg'a qilish kerak. San'at bilan qiziqqan bolalarni san'at to'garaklariga berish muhim. Qobiliyatlar o'z vaqtida aniqlanib rivojlantirilsa u iste'dodga aylanadi. Iste'dodli inson albatta ijod qiladi, jamiyat uchun qimmatli g'oyalar yaratadi.

Maktabgacha ta'limda kreativlikka xos bo'lgan xususiyatlar turlari va ularning tasnifi haqida. 1-chizma.

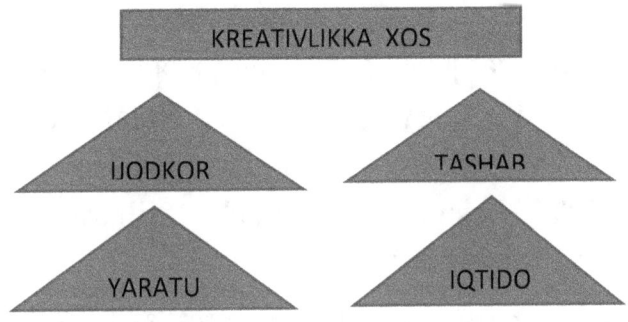

Ijodkorlikni lug'aviy ma'nosi "ijod" arab tilidan olingan "yaratish","vujudga keltirish" "kor" tojik tilidan olinib, ijod so'zi bilan qo'shilib, "yaratuvchi", "ijodkor" ma'nolarini beradi. Ijodkorlik-bu insonning ijodiy qarorlarni qabul qilishi, tushunishi va tubdan yangi g'oyalarni yaratish qobiliyatidir. Unda insonning xotirasi, tafakkuri, diqqati, irodasi faol ishtirok etadi hamda uning iste'dodi namoyon bo'ladi. Maktabgacha yosh davri ijodiy faol shaxsni shakllanishi uchun eng samarali davr, chunki aynan manashu davrda psixik jarayonlar, progressiv o'zgarishlar (xotira, nutq, diqqat,tafakkur, tasavvur, idrok) kechadi va shaxsiy fazilatlar tezkor rivojlanadi. Maktabgacha ta'lim muassasalari amaliyotida ijodni rivojlantirish bolalarning turli faoliyatlari orqali, masalan: kommunikativ, amaliy o'yinlar yordamida amalga oshiriladi. Maktabgacha ta'lim muassasalari amalyotida tarbiyachilarning tarbiyalanuvchilarning ijodiy rivojlanishiga bo'lgan e'tiborni kuchayganlik tendensiyasi kuzatilmoqda. Hozirgi kunda metodistlar va psixologlarning oldida turgan dolzarb vazifalardan biri – maktabgacha yoshdagi bolaning ijodiy salohiyatini ochishga yordam beradigan shaxsga yoʻnaltirilgan -oʻzaro ta'sir oʻtkazish usullarini takomillashtirish kerak degan xulosaga kelishi mumkin[14]. Maktabgacha yoshdagi bolalarda ijodkorlikni rivojlantirish ularga qulay shart-sharoitlarni yaratib berish davri asosan uch yoshdan yetti yoshgacha davrni tashkil qiladi. Bolalarga yoshlikdan odob qoidalarini oʻrgatish, qoshiq va vilkada ovqatlanishni oʻrgatilgani kabi ijodkorlikni ham kichik yoshdan va oddiy narsalardan boshlab oʻrgatish kerak. Bolalar oʻz fantaziyalari va gʻoyalarini koʻrsatib berishlari uchun yosh doirasiga qarab, ularga rangli qogʻoz, rangli qalam, markerlar bilan ta'minlash kerak. Ularga ideya berish uchun qiziqqan narsalari haqida ma'lumot berish, tasvirlagan ijodiy gʻoyalarini tuzatish muhim sanalib, u ongni tartibga soladi va haqiqatni anglashida yordam beradi. Masalan: bola rasm chizayotib qushga toʻrtta oyoq chizsa bunda kattalar xatosini toʻgʻirlab, qushning ikkita oyogʻi borligini tushintirib, ongdagi tasavvurini toʻgʻirlab borishi kerak. Shunda bolada

---

[14] T.T.Nazarov, A.M.Sayupova.Maktabgacha yoshdagi bolalarni kreativ fikrlashga oʻrgatishning psixologik aspektlari.-Toshkent.2021.181-bet.

yoshlikdan o'zgarmas haqiqatlarni ham anglab boradi. Bolalarga o'z xonasida cheklovlarsiz faoliyat olib borishida imkon berish kerak. Yostig'idan qal'alar qurib ularni nomlash, jovonlariga o'ziga yoqqan suratlarini yopishtirish, qog'ozlardan shaharlar qurish kabi bolaga qiziqarli faoliyatlarni o'rgatish va mustaqil bajarishiga ruxsat berish darkor. "To'g'ri" degan so'zning o'rniga "ajoyib", "qiziq", "a'lo" degan so'zlarni ishlatish mumkin. "Notog'ri" so'zining o'rniga "nima uchun?", "balki", "bunday qilgan ma'qul" kabi so'zlar bilan almashtirish zarur. Bolani o'zi yasagan narsalari orqali savollar berib, o'zining maxsulotini himoya qilishiga va baxslashisgiga va muhokama qilishiga o'rgatib borish kerak. Bolada ijodiy tasavvurlarni shakllantirishda rasmli kitoblar, she'rlar, ertaklar, fan va tarix haqida hikoyalar atyib berish muhim ahamiyatga ega. Multfilmlar, shoularni tomosha qilishi, ota-onalar, opa-akalar bilan sayohatlar va maroqli suhbatlar bolani tasavvurini sakllantirib, dunyoqarashini kengaytiradi o'zi uchun tajribalar o'tkizadi va xulosa chiqaradi. Uni kelajakda turli xil sarguzashtlar kutayotganligini, hayotda uchraydigan muammolarni ijodkorona bartaraf etishni o'rganadi. Bolaga hayoti davomida noqulay vaziyatlarga tushib qolmasligi uchun muammoli vaziyatlarni ko'rsatib, undan chiqish yo'lini ham o'rgatib borgan ma'qul. Bunday vaziyatlarga tushganda o'zini yo'qotib qo'ymaydi. Bolalarga turli xildagi multfilmlarni ko'rsatish ular haqida gapirib berish, boshqa mamlakat bolalarining ya'ni tengdoshlarining hayoti va qiziqishlarini ko'rsatib borilsa, qiziqishlari ham rang- baranglashib boradi. Yoshiga mos, mazmunli, quvnoq qo'shiqlarni eshittirish, teatr va muzeylarga olib borish ularga qiziqtirib, diqqatini qaratish bolada madaniyatga muhabbatni uyg'otadi. Bolalarni tashqi ko'rinishidagi mimikalarini ham kuzatib borish zarur chunki tashqi qiyofada ichki hissiyotlar aks etadi. Qovoq uyib yuzlarini burishtirgan vaqtda urushmasdan, sababini ham majburlab so'ramasdan hazil mutoyiba bilan bu holatini o'zgartirish mumkin. Masalan: qovoq uyganda kulgili bir ertak qahramoniga o'xshatib, Bolani chexrasida kulgu paydo qilib uni bu holatdan olib chiqish kerak. Kulgili ertaklar, she'rlar, hikoyalar va multfilmlarni ko'rsatib borish bunga katta yordam beradi. Maktabgacha yoshdagi davr ijodkorlikni rivojlantirish uchun eng ajoyib imkoni beradigan on hisoblanadi. Ijodkorlikni rivojlantirishda eng muhim omillardan biri ularga shart-sharoitlar yaratish. Iloji boricha bolani atrofidagi muhit xilma-xil ijodiy faoliyatga yoʻnaltirilgan boʻlishi zarur. Bolalarga topshiriqlar berilganda yoki biror narsani oʻrgatayotganda tayyor javoblar va yechimlar bilan emas, balki maslahat berish, oʻzidan savol tariqasida soʻrab koʻrib toʻgʻri javobga yoʻnaltirib, yordam bergan ma'qul. Maktabgacha yoshdagi bolalarning ijodiy fikrlashini rivojlantirilishiga qaratilgan yoʻnalishlari mavjud: Bular assotsiativlik, dialektika hamda tizimlilik. Bu xususiyatlarni rivojlanishi fikrlash qobiliyatini moslashuvchan va oʻziga xos samarasini beradi.

Assotsiativlik- atrof olamdagi narsa va hodisalarni bogʻliqligi va oʻxshashligini koʻrish qobiliyati. Turli xil assotsiativ havolalar zarur ma'lumotlarni xotiradan tezda olish imkonini beradi. Uni rolli va syujetli oʻyinlar orqali bolalar juda oson tarzda egallashadi. Dialektiklik- har qanday holatda ham qarama-qarshiliklarni koʻra bilish, bu muammolarni bartaraf etish va hal qilish qobiliyati. Dialektiklik insonning iste'dodini rivojlantirish uchun eng asosiy sifat hisoblanadi. Tizimlilik- ob'ekt va hodisalarni mustahkam, yaxlit tizim sifatida koʻrish. Har qanday ziddiyatli muammolarni har tomonlama turli xil usullarda bartaraf eta olish qobilayiti.

Ijodkorlik ko'plab fazilatlarning birlashuvi hisoblanadi. Psixologlar ijodkorlikning tarkibiy qismlarini quyidagilar deb hisoblashadi:

1. Muammolarni boshqalar ko'rmaydigan joyda ko'rish qobiliyati.
2. Aqliy operatsiyalarni yiqitish, bir nechta tushunchalarni bitta bilan almashtirish va axborot nuqtai nazaridan tobora ko'proq sig'imga ega bo'lgan belgilarni qo'llash qobiliyati.
3. Bir masalani yechishda olingan ko'nikmalarni boshqa masalarni yechish qobiliyati.
4. Voqelikni qismlarga ajratmasdan, yaxlit holda idrok etish qobiliyati.
5. Uzoq tushunchalarni osongina bog'lash qobiliyati.
6. Xotiraning kerakli vaqtda kerakli ma'lumotni berish qobiliyati.
7. Fikrlarning moslashuvchanligini ko'rsatish qobiliyati.
8. G'oyalarni yaratish qulayligi.
9. Yangi nostandart g'oyalarni yaratish qobiliyati, ijodiy fikrlashni rivojlantirish.
10. Faoliyatning mahsulotini yaxshilash qobiliyati.
11. Turli xil fikrlarni ifodalash qobiliyati.

12. Asl g'oyani yaxshilash uchun tafsilotlarni takomillashtirish qobiliyati[15].

Maktabgacha yoshdagi bolalarda ijodkorlik qobiliyati katta bolalarga qaraganda yuqoriroq bo'ladi, chunki ularda o'ta qiziquvchanlik, izlanuvchanlik, atrof muhitga e'tibor kuchli bo'ladi. Shuning uchun bu yoshda bolalarning qiziqishlarini ota-onalar, tarbiyachi, pedagoglar qo'llab-quvvatlab, rag'batlantirib turishlari kerak.

Tashabbuskorlik- "tashabbus" arabcha "biror ishni bajarishga da'vat etish" "kor" tojikcha qo'shimcha bo'lib, birgalikda qo'shilib "tashabbus ko'rsatuvchi" degan ma'noni anglatadi. Tashabbuskorlik-bu biror ishni boshlab beruvchi, boshqalarni biror ishga da'vat etib boshlovchilik qiluvchi, tashabbus egasi kabilarni bildiradi.[16] Tashabbuskorlik amaliy natijalarga erishishga intilish, intizom, tartib-qoidalarga qat'iy rioya etish, belgilangan vazifalarni bajarishning muhim omolidir. Tashabbus insonning faoliyati, shaxsiyati va fe'li, xulq-atvorini o'zida mujassamlashtirgan xususiyatdir.

---

[15] M.T.Rajabova. Maktabgacha ta'lim yoshidagi bolalarning ijodiy qobiliyatlari va unu samarali rivojlantirish omillari.-Termiz. 2022.79-bet.
[16] https://uz.wiktionary.org/w/index.php?title=tashabbuskor&action=edit&section=1https://uz.wiktionary.org/wiki/tashabbuskorlik

U ichki ilmpulsda harakat qilish qobiliyatini bildiradi, tashqi stimullarga asoslangan xatti-xarakatlar yig'indisi. Bolalarning tashabbusi ularning mustaqil erkin faoliyatida, qiziqishlarida namoyon bo'ladi. Bolalar bog'chasida turli o'yinlar, rasm chizish, aplekatsiya, dizayn hamda kompozitsiyalarni o'z hohish va manfaatlariga moslab qo'yish qobiliyati bolalarning hissiy holatini ko'rsatadigan manba hisoblanadi. Tashabbuskorlikni to'rtta yo'nalishi mavjud bo'lib, ular ijodiy; maqsadni aniq belgilash va irodaning kuchi; kommunikativ; kognetiv. Tashabbusning har bir yo'nalishi alohida faoliyat orqali baholanadi.

1. Ijodiy tashabbus- bolalarni rolli-syujetli, hikoyali, o'yinlarda ishtirok etishi orqali erta tasavvur va ijodiy fikrlash rivojlanadi.
2. Maqsadni belgilash va iroda kuchi-har bir turdagi faoliyatlarga jalb qilish, bo'yash, loyihalash, modellashtirish orqali mustaqillik va o'z fikriga tayanish rivojlanadi.
3. Aloqa tashabbusi- nutqning kommunikativ funksiya va empatiya ochiladigan davr. Bolalarni o'z tengdoshlari, atrofdagilar bilan o'zaro munosabatga kirishishi.
4. Kognetiv tashabbus- qiziquvchanlik, intiluvchanlik, turli xil tajribalarga jalb qilish va

bajarish orqali fazoviy vaqt tushunchasi, tabiatdagi hodisalarni ro'y berishi hamda tashqi olam bilan munosabatlarni o'rnatish qobiliyati rivojlanadi[17]. Maktabgacha ta'limning asosiy faoliyati -bu o'yindir. O'yin orqali faollik va tashabbuskorlik rivojlanadi. O'ynash bolalardan zukkolik, individuallik, faollik, ijodkorlik mustaqil faoliyatni talab qiladi. Mehnat faoliyati orqali bolada mehat topshiriqlarini bajarib, do'stlari va tengdoshlari bilan birgalikda ishlashni va vazifalarni birgalikda taqsimlashni hamda bir-birlari bilan munozaralar olib borish xususiyatlari shakllanadi.

---

[17] https://eurodomik.ru/uz/fundament/vidy-detskoi-deyatelnosti-doshkolnyi-vozrast-vidy-detskoi-deyatelnosti.html

2-chizma.

Maktabgacha talim tashkilotlarida 5-6 yosh bolalar tashabbusini qo'llab-quvvatlash uchun tarbiyachi pedagoglar tomonidan qilinadigan harakatlar.

Guruhda barcha bolalarga teng darajada mehr va g'amxo'rlik ko'rsatish, ijobiy psixologik muhit yaratish, mashg'ulotlar

Bolalarni shaxsiy didlarini va odatlarini hurmat qilish.

O'z dizayni bo'yicha biror narsa yaratish istagini rag'batlantirish

Bolalarni mustaqil ijodiy faoliyati uchun sharoit yaratish.

Ijodiy o'yinlar tashkillash, muammolarni hal qilishda bolalarga yordam berish.

Bolalarning guruh hayotini kunlik va uzoqroq muddatga rejalashtirish.

Bolalarni qiziqishiga qarab mustaqil ijodiy, kognitiv faoliyati uchun sharoit va vaqt ajratish kerak.

Muloqotni bolalar avvalombor tengdoshlar, oilada ota-ona va oila a'zolar, atrofdagilar bilan munosabat o'rnatadilar. Insonda erkinlik va mustaqillik bo'lmasa tashabbuskorlikni qo'lga kirita olmaydi. Hozirgi kunda bolalarda mustaqillikni shakllantirish pedagog tarbiyachilar uchun dolzarb muammolardan biri hisoblanadi.Tarbiyachi bolaga topshiriq bergandan keyin erkinlik ham berishi kerak. Birinchi o'rinda "men qila olmayman" degan qo'rquvini yo'q qilib, motivatsiya berishi muhim ahamiyatga ega. Bolalarni shaxsiy qiziqishlaridan kelib chiqib, ularga topshiriqlar berilsa shunda shijoat bilan bajaradi, o'zidan qoniqish hissini tuyadi. Bu natijalardan keyin albatta ularni o'sishi uchun yanada rag'batlantirib borish tavsiya etiladi. Bolalar tashabbusini qo'llab-quvvatlashning samarali shakllari.

1. Bola o'zi tomonidan taklif qilingan muammoli vaziyatni hal qilish variantlarini izlashga asoslangan kattalarning bolalar bilan birgalikdagi faoliyati.
2. Loyiha faoliyati.
3. Kattalar va bolalarning birgalikdagi kognitiv va tadqiqot faoliyati, eksperimentlar.
4. Tajriba markazida kuzatish va elementar uy ishlari.

5. Texnogen dunyo va hayvonot dunyosi ob'ektlarini o'zgartirishda kattalar va bolalarning birgalikdagi faoliyati.

6. Rivojlanish markazlarida bolalarning mustaqil faoliyati uchun sharoit yaratish[18].

Hozirgi kunda bolalar makktabgacha ta'lim tashkilotlariga moslashishi emas balki, maktabgacha ta'lim tashkiloti bolalarga moslashishi, har bir bolaning qobiliyati, qiziqishlari, ruhiy va jismoniy salomatligidan kelib chiqib ularga zarur imkoniyatlarni yaratilishi kerak. Zamonaviy maktabgacha ta'lim tashkilotlarining asosiy maqsadi maktabgacha yoshdagi bolani maktabga tayyorlash bilan bir qatorda

uning aqliy va ijodiy qobiliyatlarini rivojlantirish, o'yin orqali mustaqil bo'lish ko'nikmalarini shakllantirishdan iborat. Bolalarni kattalar bilan o'zaro muloqoti uning ijtimoiy tajribasini va atrof-muhit to'g'risidagi tasavvurlari kengayadi.

18https://eurodomik.ru/uz/fundament/vidy-detskoi-deyatelnosti-doshkolnyi-vozrast-vidy-detskoi-deyatelnosti.html

3-chizma.

6-7 yosh bolalar tashabbusini qo'llab-quvvatlash uchun kattalar tomonidan qilinadigan ishlar.

- Bolani muvaffaqiyatsizligiga xotirjamlik bilan javob berish, uni to'g'irlash uchun bir necha variantlarni taklif qilish, qayta bajarish, tugatish, takomillashtirish.

- Bolaga o'z yutuqlarini amalga oshirishga imkon beradigan va tengdoshlari bilan bir xil natijalarga erishishga o'rgatadigan vaziyatlarni yaratish.

- O'z ishidan faxrlanish va uning natijalaridan qoniqish hissini saqlab qolish.

- Bolalarga muammoli vaziyatlarni hal qilishlarida yordam berish.

- Bolani manfaatlarini hisobga olgan holda guruh hayotini kun, hafta, oy uchun rejalashtirish.

- Bolalarni qiziqishlari va so'rovlariga ko'ra turli xil mustaqil ijodiy faoliyati uchun sharoitlar yaratish, vaqt ajratish

- Bolalarning ijodiy mahsulotlarini boshqa bolalarga, ota-onalarga, o'qituvchilarga taqdim etish.

Yaratuvchanlik mavzusida Sasseks universiteti professori Margaret Boden o'ttiz yildan buyon tadqiqot olib bormoqda. "Umuman olganda, yaratuvchanlik inson intellektining muhim qirrasi hisoblanadi. Uning tag zamirida g'oyalar qorishmasi, xotira, idrok, qiyosiy tahlil qilish va muayyan masala yuzasidan har tomonlama fikrlash, tanqidiy xulosa chiqarish, bir nuqtaga turli rakurslardan yondashish kabi qobiliyatlar yotibdi. Yaratuvchanlik uchun insonga nafaqat aqliy salohiyat (yangi g'oyalarni yaratish) kerak bo'ladi, balki u motivatsiya va his-tuyg'ular ta'sirida ham bo'lmog'i zarur. U turli millatlar madaniyati va inson mijozi ta'sirida yuzaga keladi" [19] deb aytgan. Albert Eynshteynning fikricha: Yaratuvchanlik- bu aqlning vaqtichoqlik qilishidir" Insonning doimo ijobiy fikrlashi uning salomatligiga, oilaviy hayotiga va ijodkorligiga foydalidir. Baxt va quvonch hissi kreativ fikrlashga yordam beradigan eng yaxshi hissiyotlardan biri hisoblanadi. Yaratuvchan, ijodkor inson bo'lish uchun faqatgina yaxshi kayfiyatni o'zi yetarli emas. Buning uchun unga ijobiy energiya ham kerak. Yaratuvchanlik va ijodiy jarayonning kaliti xayoldir. Olimlarning

---
[19] https://azizapulatova.medium.com/yaratuvchanlik-aqlingiz-vaqtichoglik-qilyaptimi-57fcf02d704c

aniqlashicha, xayolni kengaytirib borish orqali qobiliyatni rivojlantirish mumkin.

Bolalar yangi tug'ilgan go'daklik chog'ida gapirishni bilishmaydi lekin, kattalar bilan qanday muloqot qilishni yaxshi bilishadi. Tili chiqquniga qadar bolalarni ko'p yig'lashiga ham sabab shudir. Chaqaloqlarning qulog'idagi kichkina suyakchalari va miyyaga tutashib ketgan yo'laklar rivojlanishi bilanoq, tilning qonun- qoidalarini o'rganishni boshlaydilar. Go'daklar dunyoga kelishlaridan uch oy avval ona qornida onasining ovozidagi ritm va ohanglarni eshitadi va bu miyyaning rivojlanishiga katta ta'sir ko'rsatadi. Bolaning hayolot dunyosi u tug'ilgandan keyin oila a'zolari atrofdagilarning ta'siri natijasida shakllanadi va uzluksiz rivojlanib boradi. Bolalarda yaratuvchanlik va ijodkorlikni rivojlantirish uchun 15ta maslaxat.

1. Bolalarni muammolarni hal qilishga undash.
2. Ularga barcha imkoniyatlarni o'rganish, mashxur g'oyalardan o'ziga xos g'oyalarga o'tishiga vaqt berish.
3. Bolalarga turli xil tajribalarni taqdim etish.
4. Bolalarni ijod qilishlari uchun taklif qilish.
5. Bolalarni zavq uchun o'qish va badiiy tadbirlarda qatnashishiga undash.

6. Bolalarga o'z-o'zidan badiiy izlanishlariga ruxsat berish.
7. Qoidalarni buzishga ruxsat berish.
8. Tartibsizlikka yo'l qo'yish.
9. Ixtirochilik qilishni rag'batlantirish.
10. Bolalarni zerikishlariga imkon berilsa, o'zi nimadur o'ylab topadi.
11. Har bolada o'ziga xos nuqtai nazarni taqdim etish.
12. "Aqliy hujum" usulini bolalarni yosh doirasiga qarab qo'llash
13. Ijodiy jarayonda chetda turib kuzatib, bolaning faoliyatiga aralashmaslik.
14. Bolalarning ijodiy faoliyati bilan bog'liq bo'lgan barcha harakatlardan habardor bo'lish.
15. Bolalar ijodkorligi uchun minnatdorchilik bildirish va rag'batlantirish[20].

Bolani kelajakda yaratuvchanligini rivojlantirishda muhim o'rin tutadi.

Maktabgacha yoshdagi davr boshlab, bolalarning iqtidorini namoyon qilish kreativlik xususiyatlarining biri hisoblanadi.

Iqtidor -bu inson hayoti davomida rivojlanib boradigan psixikani tartibli sifati bo'lib, bir insonni boshqa insonlarga nisbatan bir nechta yoki ko'plab faoliyat turlarida yuqori, ajoyib

---

[20] https://uz.warbletoncouncil.org/creatividad-ninos-13608

bo'lgan natijalarga erishish imkoniyatini belgilab beradi. Iqtidorli bola-bu o'tkaziladigan faoliyat turlarida yorqin, ravshan, hozirjavob, fikrlash doirasi kengligi bilan boshqa bolalardan ajralib turuvchi boladir. Iqtidor kimdadur erta kimdadur kech shakllanadi. Buning uchun atrof muhit, shart-sharoit muhim ro'l o'ynaydi. Bolalarning iqtidorini aniqlash va qo'llab-quvvatlash, ular bilan muntazam ishlash uchun maktabgacha ta'lim muassasalarida zarur bo'lgan moddiy-texnik bazasini yaratish kerak. Iqtidor, iste'dod, daholik-bu insondagi barcha qobiliyatlar rivojlanishining eng yuqori darajasi. Bog'chalarda iqtidorli bolalar ko'zga yaqqol tashlanib turadi. Ular o'zlarini tasdiqlashga intiladi, o'z iste' dodini rivojlantirishda muvaffaqiyat qozonishni hohlaydi, diom birinchi bo'lishga harakat qiladi. Tarbiyachi pedagoglarning bunday bolalarga alohida ahamiyat berishlari juda muhim. Iqtidorli bolalarni qo'llab-quvvatlash va g'amxo'rlik ertangi kun uchun ilm-fan, madaniyat, ijtimoiy hayotning rivoji uchun poydevordir. Bolalarda iqtidorlarini namoyon qilishlari uchun MTMda turli hil ko'rgazmali tadbirlar, teng guruhlar o'rtasida bellashuvlar, ijodiy o'yinlarni tashkillab berilishi zarur.

Iqtidorni erta namoyon bo'lishi ikki yoshdan olti yoshgacha kuzatiladi. Bunday bolalar ikki yoki uch yoshdan o'qishga intiladilar, uch-to'rt yoshda o'qishni va sanashni biladilar, besh-olti yoshda so'zlarni va uncha katta bo'lmagan jumlalarni yoza oladilar. Maktabgacha yosh davrida iqtidorli bolalar boshqalardan intellektning rivojlanish darajasi bilan ajralib turadilar. O'zlarining juda faolligi, ko'p savol berishlari, qiziquvchanligi, kattalardan oladigan ma'lumotni oson eslab qolishi va qayta aytib bera olishi bilan birga boy tasavvurga ham egadirlar. Iqtidorli bolalar ko'p hollarda hisob kitoblarga qiziqadilar, she'r yoki ertaklar to'qiydilar, musiqa asboblarini chaladilar, shaxmat o'ynaydilar, rasm chizadilar, qo'shiq aytadilar va raqsga tushadilar. Bolalar yetti yoshda kolleksiya yig'ishga (markalar, medallar, sevimli multfilm va kino qahramonlarining rasmlarini), qog'oz va boshqa matcrialllardan turli predmetlarning loyihalarini yasashga qiziqadilar[21]. Maktabgacha yoshda iqtidorli bolalar uch yoshdan besh yoshgacha davrda barcha noma'lum bo'lgan narsalarga va yangiliklarga o'zlari mustaqil holda javob izlaydilar va faollik bilan kattalardan turli xil

---

[21] https://azkurs.org/ozbekiston-respublikasi-oliy-va-orta-maxsus-talim-vazirligi-v4.html?page=2

savollarga javob olishga intiladilar. Kattalarning javoblari orqali bolada atrof olamni, voqea-hodisalarni sodir bo'lish sabablari va oqibatlarining bir-biriga uzviy bog'liqligini anglaydilar, shaxsiy xatti-xarakatlarini ong orqali boshqara oladilar.

Uch yoshli bolalarning iqtidori va o'ziga xos xususiyatlari.

- Nutqi ma'no jihatidan bir-biriga bog'langan so'zlardan iborat bo'ladi;
- O'yinda ro'lga kirib o'ynay oladi;
- Shar, olm ava boshqa predmetlarni chiza oladi;
- Mustaqil holda o'zi kiyimlarini kiyib, yechina oladi;
- Kubiklarni rangkariga qarab bir-birining ustiga qo'ya oladi
- Boshqalarning yordamisiz o'zi zinalardan ko'tarilib, tusha oladi;
- Uch, to'rt yosh orasida o'z imkoniyatlarini ko'rsatib, o'z ehtiyojlarini talab qila oladi.

To'rt-besh yoshli bolalarda shaxsiy xususiyatlarni idrok qilish hali shakllanmagan bo'ladi. O'z- o'zini anglab yetish layoqati katta bog'cha yoshida rivojlanadi. Bogʻcha yoshidagi bolalarning shaxsiy shakllanishi uch bosqichga ajratilgan.

1-davr. Uch-toʻrt yosh oraligʻi, emotsional jihatdan oʻz-oʻzini boshqarishida mustahkamlanish.

2-davr. Besh-olti yosh oraligʻi, axloqiy oʻz-oʻzini boshqara olishi.

3-davr. Olti -yetti yosh shaxsiy ishchanlik hamda tadbirkorlik xususiyatlarini shakllanishi.

1-rasm.

Bolalar oʻzlari koʻrib, qiziqqan narsalarini amalga oshirishni hohlaydilar. Oʻgʻil bolalar mashinalar, turli texnikalarga, qiz bolalar ovqat pishirish, qoʻgʻirchoqlarni kiyintirish va sochini turmaklash kabi harakatlarni bajarib zavq oladilar. Koʻproq yangi narsalarni o'rganish orqali o'zlariga tajribalar o'tkazadilar. Bolada ijodiy qobiliyatlar rivojlanayotgan paytda uni qiziqtirgan barcha savollariga javob berib, bajarmoqchi bo'lgan ishi uchun sharoit yaratib, qo'llab-quvvatlab va rag'batlantirish judayam zarur.

Kreativ yondashuv orqali bolalarda tasavvur va tafakkurni shakllantirishning ijobiy tomonlari.

Tasavvur-bu insonning tasavvur qiluvchining tajribasida yaxlit shaklda ilgari sezilmagan yoki umuman sezilmaydigan ob'ektlarning tasvirlarini, g'oyalarini o'z-o'zidan yaratish yoki ataylab qurish qobiliyatidir.(Tarix voqealari, taxmin qilinayotgan kelajak, idrok etilmagan yoki mavjud bo'lmagan dunyo hodisalari, masalan: ertak yoki afsona va boshqalarning g'ayri tabiiy qahramonlarini hayolan tasavvur qilib, gavdalantirish). Shaxsning tasvirlar, tasavvurlar, g'oyalar yaratish va ularni manipulyatsiya qilish qobiliyatini modellashtirish, rejalashtirish, ijodkorlik, o'yin, xotira, fikrlash kabi aqliy jarayonlarda muhim ro'l o'ynaydi[22].

---

[22] Климов Е.А.. Основы психологии: Учебник для вузов., 15000 экз. экз, М.: Культура и спорт, ЮНИТИ.

Tasavvur-bu kognitiv jarayondir. Uning o'ziga xoslik sifati shundaki, tajriba qilib ko'rgan narsalarini qayta ishlashidan iborat. Tasavvur qilish qobiliyati har qanday insonga har qaysi sohada juda zarurdir. Ta'lim sohasida, mehnat faoliyatida, o'yin jarayonida faqat tasavvur mavjud bo'lsagina muvaffaqiyatli davom etadi. Tasavvursiz birorta ham murakkab psixik jarayonlar amalga oshmaydi. Maktabgacha yoshdagi bolaning tasavvuri kattalarning tasavvuridan farq qiladi. Tasavvurning asosi xotirada saqlangan ma'lumotlarga bog'liq. Maktabgacha yoshdagi bolalarda hali tajriba va g'oyalar yetarli emas. Bolalarda tafakkurning va tanqidiylikni pastligi sababli tasavvur qanday sodir bo'lishi va bo'lmasligini bilishmaydi. Bolalarda yetarli bilimlarni yo'qligi bolaning tasavvuridagi nuqsoni va fazilati hisoblanadi. Maktabgacha yoshdagi bola ijtimoiy madaniy jihatdan yangi narsa yarata olmaydi. Bolalar besh, olti yoshga yetgunlariga qadar muhim tasavvur bo'lmaydi yoki osongina yo'q bo'lib xotiradan tez o'chadi. Ayniqsa uch-to'rt yoshli bola tasavvursiz harakatlanadi. Qilayotgan harakatini natijasi qanday bo'lishini faraz qololmaydi. Masalan: bu kichik yosh davrda qiziquvchanlik ortib boradi, razvetkaga narsalarni suqib ko'rishga harakat qiladi lekin uning yomon oqibqtlarini o'rgatilgan bo'lsada tasavvur qilolmaydi. Maktabgacha yoshdagi bolaning tasavvuri ixtiyoriy bo'ladi. Uning fantaziyalari judayam hayajonlantiradigan, hayratga soladigan narsalarda eshitgan ertaklarida, ko'rgan multfilmlari, yangi o'yinchoqlari orqali rivojlanib boradi. Shuning uchun bolalarning rivojlanish davriga qarab, turli xil mavzularda ertaklar, hikoyalar aytib berish, bilish darajasiga mos multfilmlar ko'rsatish, harxil rangdagi va shakldagi o'yinchoqlarni taqdim qilish tavsiya etiladi.

Maktabgacha yoshdagi bolalarning eng asosiy faoliyati -bu o'yindir. Ular o'yin orqali ta'lim-tarbiya oladilar, mehnat qilishni, yon atrofdagilar bilan fikr almashishni o'rganadilar. O'yin faoliyati orqali bolada asta-sekin hayotni bilish tajribasi ortgani sayin, tasavvur shakllanib boradi. O'yinda bola jismonan rivojlanadi, qiyinchiliklarni yengib o'tishni, har qanday vaziyatlarga chidamli bo'lishga moslashadi. Unda aql-zakovat, topqirlik, tashabbuskorlik shakllanadi. Maktabgacha ta'lim muassasalarida bolalarga ta'limiy o'yinlarni tanlashda juda ahamiyatli bo'lish darkor. Chunki, judayam qiyin o'yin tanlansa bola zavqlanib o'ynay olmaydi, o'yin faoliyatini mazmunini tushuna olmaydi. Judayam oson o'yin tanlansa uning aqliy faoliyatini qo'zg'ata olmaydi ya'ni, yangi bilimlarni o'rgana olmaydi. Bolalarga o'yin tanlashda ularning yoshi, individual xususiyatlaridan kelib chiqib, uning tafakkurini, tasavvurini, ijodkorligini rivojlantirishini hisobga olish kerak. Katta maktabgacha yoshdagi davr-bu bolaning faol va erkin tasavvurlari mustaqil tarzda amaliy faoliyatdan ajralib, hamma narsani oldindan ko'rib, fantaziya qila oladigan davrdir. Uning tafakkuri kognitiv muammolarni hal qilishda birgalikda harakat qiladi. Tasavvur shakllanadi-tasavvurdagi ob'ekt, hodisa uning visual modeli va sxemasini g'oyalar yaratish va ularni yanada boyitish orqali aqliy harakatni boshlaydi. Bolalarning tasavvurlari kattalarnikidan farqi, ular o'zlari uchun ijod qiladilar ularning tasavvuri ijtimoiy va mehnat maxsulotlarini yaratishga xizmat qilmaydi. Biroq, kelajakda haqiqiy va kerakli ijodga tayyorlash uchun muhim ahamiyatga ega.

Bolalarda tasavvurni rivojlantirish-ko'p jihatdan, bolalarning tasavvurlarining bir qismi sifatida o'yinga kiritilgan. Ijodkorlik orqali bola tafakkurni rivojlantiradi[23]

---

1. [23] V mire suщestvuet neskolko krupnix programm razvitiya kreativnosti u detey. Ix avtori: A.Greb; Torresant; Miklus i Gouli („Odisseya razuma")

4-chizma.

Maktabgacha yoshdagi bolalarda tasavvurni rivojlantirishda quyidagilar yordam beradi:

- Mustaqillikni, mustaqil rivojlanishni rag'batlantirish;
- To'liq bo'lmagan holatlar masalan: biror ertak yoki hikoyani bir qismini aytib, qolganini boladan o'zining tasavvuri bo'yicha davom ettirishini so'rash;
- Ko'p muammolarni hal qilishga undash va rag'batlantirib borish;
- Ikki tilli tajriba: boshqa millatlarni ham bildirib borish;
- Kattalar tomonidan bolaga ijobiy baho berib, motivatsiya berish.

5-chizma.

Tasavvurni rivojlanishiga quyidagilar to'sqinlik qiladi.

- Muvofiqlik: biror naesaga asoslanib ish tutish;
- Qattiq jinsiy ro'l stereotiplari: haddan tashqari e'tiqod.
- Tasavvurni rad etish: hayol va fantaziyani yo'q qilish;
- Nuqtai nazarni o'zgartirishni istamaslik.
- O'yin va o'rganishni ajratish: o'yin boshqa va o'rganish boshqa deb bilish
- Hokimiyatga tobe'lik: mustaqil fikrlay olmaslik.

Tasavvur insonning umumiy aqliy jarayonining bir qismi bo'lib, psixikada quyidagi funksiyalarni bajaradi.
1. Voqelikni tasvirlarda aks ettirish;
2. Hissiy holatlarni tartibga solish;
3. Kognitiv jarayonlarni va insonning holatini, xususan idrok, diqqat, xotira, nutq, his-tuyg'ularni tartibga solish;[24]
4. Ichki harakatlar rejasini shakllantirish-ularni ichkarida amalga oshirish, tasvirlarni manipulyatsiya qilish qobiliyati;
5. Tadbirlarni rejalashtirish va dasturlash, dasturlarni tuzish, ularning to'g'riligini baholash, amalga oshirish jarayoni.

Tasavvur tufayli insonlar o'z faoliyatlarini yaratadilar, aql bilan rejalashtirib, ularni boshqaradilar. Dunyodagi barcha moddiy-ma'naviy madaniyat insonning tasavvur va ijodining mahsulidir. Tasavvur insonni borliq darajasidan tashqariga olib chiqadi, unga o'tmishni eslatadi, kelajakni ko'rsatadi. Inson boy tasavvuri bilan tirik mavjudodlar bo'lmagan joylarda hayolan yashashi mumkin.

Tafakkur – inson aqliy faoliyatining yuksak shakli: ob'ektiv voqelikning ongda aksetish

---

[24] Ponomarev Ya. A. Psixologiya tvorchestva, 1976.

jarayoni. Tafakkur atrof muhitni, ijtimoiy hodisalarni, voqelikni bilish quroli, shuningdek inson faoliyatini amalga oshirishning asosiy sharti sanaladi. U sezgi, idrok, tasavvurlarga qaraganda voqelikni to'la va aniq aks ettiruvchi yuksak bilish jarayonidir[25]. Inson tafakkur qilganda fikr, mulohaza, g'oya, faraz kabilar vujudga kelib, shaxsning ongida tushunchalar, hukmlar, xulosalar vujudga keladi. Tafakkur til va nutq bilan bog'liq holda namoyon bo'ladi. Inson orttirilgan tajribalarini nutq orqali boshqa insonlarga yetkazib bera oladi. Inson tafakkuri, nutqi va ongli ravishda bajaradigan xatti-xarakatlari bilan barcha mavjudodlardan ajralib turadi. Payg'ambarimiz Muhammad Sallollohu alayhissallom "Bir soatlik tafakkur bir yil ibodat qilgandan xayirliroqdir" deb marhamat qilganlar. Fuzuliy aytadiki, "Fikr senga yaxshi yoki yomon amallarni ko'rsatib turadigan ko'zgudir". Rivoyatlarning birida, "Ibrohimga buncha uzoq vaqt tafakkur qilib o'tirasan,deyishdi: "U fikr aqlning iligidir" deb javob berdi[26]. Bundan ko'rinib turibdiki, tafakkur-bu olloh tomonidan faqat insonga berilgan ne'matdir. Uning darajasi,

---

[25] https://uz.wikipedia.org/wiki/Tafakkur
[26] K.B.Murodov, A.X.Ermatov, N.Sh.Qurbonova. Tafakkur psixalogiyasi.-Toshkent. 2022.39-bet.

sifati shunchalar yuqoriligi muqaddas dinimizda ham targ'ib qilingan. Tafakkur umumiy ikki turga ajratiladi. Ixtiyoriy – analitik. Ixtiyoriy tafakkur jarayoni mulohaza, muhokama, isbotlash, gipoteza qilish kabi shakllarda yuzaga keladi. Masalan: matematika, fizika, kimyo. Ixtiyorsiz – intuitiv. Bu ixtiyoriy tafakkurga suyangan holda hech kutilmagan paytda, joyda yuzaga keladi. Masalan: D.I.Mendelyevning elementlar davriy sistemasi ustida uch kechayu, uch kunduz davomida mehnat qiladi biroq yakunlay olmaydi. Kechqurun uyquda davriy sistema chizmasini uyquda tushida ko'radi va uyg'ongach ko'rganlarini qog'ozga tushirib oladi. Ixtiyoriy tafakkur insonning bilim olib, izlanishlari natijasida yuzaga keladi. Ixtiyoriy tafakkur esa olingan bilimlarning yakuniy natijasi insonning o'zi ham bilmagan onda yuzaga chiqib qoladi.

Kreativlik va ijodkorlik orqali maktabgacha yoshdagi bolalarda tasavvur va tafakkurni rivojlantirish uchun pedagog tarbiyachilar bilan bir qatorda ota-onalar ham birdek mas'uldirlar. Maktabgacha yosh-bu bolalarni kelajakda to'liq aqliy rivojlanishi uchun asos, poydevor yaratadigan davr hisoblanadi. Chaqaloq dunyoga kelgandan so'ng yangi muhitga moslashishi, asta-sekin yangi narsalarni o'rganishga qiziqishi, qiyinchiliklardan qo'rqmasligi, ularni yengib o'tishiga har tomonlama ko'mak berib, bolaning mantiqiy tafakkurini rivojlanishiga yordam berilishi kerak. Bolaning xotirasiga barcha narsalar o'yin orqali muhirlanadi. Og'zayki o'yinlar-so'zli o'yinlar alohida tayyorgarlik yoki joy talab qilmaydi. Bolaning nutqi so'z boyligi ortadi, mantiqiy fikrlashni, tezkorlikni o'rganadi. Qachonki nutq yaxshi rivojlansagina, tafakkur boyib boradi.

Oliy psixik funksiyalarning madaniy-tarixiy nazariyasi doirasida L.S.Vgotskiy fikricha, fikrlash muammosi bolaning aqliy rivojlanishi muammosi sifatida qaraladi. "Individni ijtimoiydan olish" formulasini himoya qilish. L.S.Vgotskiy shunday deb yozgan: "Barcha yuqori aqliy funksiyalar ijtimoiy tuzumning ichki munosabatlaridir. Ularning tarkibi, ginetik tuzilishi, harakat usuli-bir so'z bilan aytganda, ularning butun tabiati ijtimoiydir"[27]. Tafakkur bolalik davrida turmush sharoiti va tarbiya ta'sirida shakllanadi va rivojlanadi. Bolalarda tafakkurni shakllanishi o'z-o'zidan paydo bo'lmaydi. Uni kattalar boshqarib, yo'naltirib

---

[27] https://minikar.ru/uz/eto-interesno/formirovanie-logicheskogo-myshleniya-detei-mladshego-doshkolnogo-vozrasta/ 16:38

boradi. Kattalarning ta'sirida insoniyat tomonidan yaratilgan narsalarni va fikrlash qoidalarini oʻrganib, tarbiyalanib boradilar. Kattalarga taqlid qilish, ularda koʻrganlarini amalda qoʻllab koʻrish orqali asta-sekin toʻgʻri qaror qabul qilishni, ularni bir-biriga toʻgʻri bogʻlashni va oqilona xulosaga kelishni oʻrganib boradilar. Bolalarning ongi va fikrlash darajasi hali tor boʻlganligi uchun ularga oddiy oʻzlari qiziqqan va yoqtirgan ertaklarini yangicha tugashini oʻylab topishni tavsiya qilinadi. Birgalikda hikoya va she'rlar yozish, taxmin qilish oʻyinlari ota-ona tomonidan bolaga "ha", "yoʻq" deb javob beradigan savollar bilan taxmin qilishni taklif qilinadi. "Ishoning - ishonmang" oʻyini. Masalan: "Barcha otlar zotli" yoki "olma dataxtdir" kabi soʻzlar aytiladi. Bunda bola mantiqiy oʻylab, barcha otlar ham zotdor emasligini, olma dataxt emas meva ekanligini fikrlab koʻradi. Ogʻzayki mantiqiy oʻyinlardan biri: "Assotsiatsiyalar" bunda bola mantiqiy tafakkur qilishni oʻrganadi. Oʻyinning vazifasi: berilgan soʻzlardan bir-biriga mos juft boʻla oladigan soʻzlarni tanlaydi. Masalan: Qush-uya, odam-& bunda qush uyada yashaydi, odamni topamiz. Odam uyda yashaydi shu kabi davom etadi.

A. Dengiz-kema, samoliyot-…………..(osmon)

B. Qoshiq- sho'rva, vilka-…………….(salat, vermishil)
C. Ohu – o'rmon, buzoqcha-………….(hovli)
D. Yoz- issiq, qish-…………………(sovuq)
E. Osmon- yer, kun -…………………..(tun) kabi so'zlarning mosini topiladi.

Yana o'yinlardan biri: "Bir so'z bilan nomlang" bu o'yin orqali bolada tasniflash, umumlashtirish, mantiqiy o'ylash sahllanadi. O'yin vazifasi: berilgan so'zlar guruhini umumlashtirib, bitta so'z bilan atash kerak bo'ladi. Masalan: kompot, choy, qahva, sut kabilarni umumlashtiramiz javobi (ichimlik) shu ko'rinishda davom etiladi.

- Olma, anor, nok, behi, olxo'ri. (meva)
- Shifokor, o'qituvchi, quruvchi, qo'shiqchi, jurnalist. (kasb)

- Samolyot, mashina, aftobus, poyezd, mototsikl. (transport)
- Bobo,buvi, dada, oyi, opa, aka, uka, singil (oila)
- Krasofka, tufli, shippak, botinka. (oyoq kiyim)
- Bahor, yoz, kuz, qish. (fasl)

Ertak qahramonlarining rasmli kitoblaridan foydalanib, bolalarni ertak to'qishga jalb qilish ham mumkin. Labirint orqali, qahramonlarni qutqaring, qog'ozdagi jumboqlarni hal qilishni

taklif qilish. Gugurt tayoqchalari bilan shakllar yasash, o'ziga qiziq bo'lgan narsalarni yasash uy, mashina, poyezd va boshqa narsalarni. Stol o'yinini tashkillash.
- Bolaning ko'zlarini berkitilgan holatda qo'llari bilan narsalarni ushlab ko'rib his qilishi va tanishi kerak bo'ladi;
- Ob'ektlarni ma'lum bir tartibda joylashtirish. Masalan: ulardan ketma- ketlik hosil qiling, ortish, kamayish, ranglari, o'lchamlari va shakllariga qarab joylang deb aytish;

Maktabgacha yoshdagi bolalarning fikrlashini, tafakkurini, kognitiv qobiliyatini rivojlantirib borish maqsadli ravishda amalga oshirishni talab etadi. Tarbiyachilar va ota-onalarning asosiy vazifasi qiziqarli didaktik o'yinlar asosida, bolani to'g'ri yo'lda rivojlantiradigan topshiriqlar, turli xil bo'lgan o'yin faoliyatlaridan foydalanishi zarur. Maktabgacha yoshdagi bolalarning tafakkurini shakllantirish, fikrlashni rivojlantirish fikrlashga xos bo'lgan universal aqliy operatsiyalarni qo'llash qobiliyati bilan belgilanadi: tahlil, sintez, taqqoslash, tasniflash, umumlashtirish. Taqqoslash – bola predmetning muhim xususiyatlarini taqqoslashni o'rganadilar. Tahlil qilish – o'rganayotgan mavzuni qismlarga ajratish, uning tarkibiy qismlarini ajratib ko'rsatish imkonini beradi. Masalan: bola uyning har bir qismlarini osongina tera oladi. Tom quvur, deraza, eshik, devorlar va boshqalar. Sintez qilish – tahlil qilishga teskari bo'lgan aqliy operatsiya bo'lib, sintez jarayonida maktabgacha yoshdagi bola ajratilgan bo'laklarni bir butun qilib birlashtiradi.

Umumlashtirish – bu olti yoshgacha bo'lgan bolalarga xos xususiyatdir. Bolalarda so'z boyligi ortib, lug'ati boyigan paytda yuzaga keladi.

Tasniflash – ma'lum ob'ektlar, tushunchalar va hodisalarni o'xshash va farqlovchi belgilarini topishga undaydigan aqliy operatsiya [28].

Maktabgacha yoshdagi bolalarda rivojlanishi muhim bo'lgan tafakkur turlari quyidagi davrlarda sakllanadi. Aniq samarali fikrlash – davri bu bolaning bir yarim ikki yoshgacha davrga to'g'ri keladi. Bu yoshda bola qo'llari yordamida dunyoni o'rganishni boshlaydi. O'yinchoqlarni qismlarga ajratadi, ba'zan sindiradi, og'ziga solib ko'radi, otib yuboradi yana olishga urinadi. Shu tariqa atrofdagi dunyo haqida fikrlari shakllanadi. Bu bosqichda kattalarning vazifasi chaqaloqlarga halaqit

---

[28] https://nikifilinione.ru/uz/tipy-myshleniya-u-detei-rabota-nad-razvitiem-myshleniya-rebenka-razvitie-naglyadno/

bermaslik, unga atrofdagi narsalarni mustaqil o'rganishiga sharoit va imkon yaratib berish zarur. Yana bu jarayonda bola o'zini shikastlashi, o'ziga zarar yetkazishi mumkin. Ota-onalar bolalarni yangi narsalarni o'rganayotganda rag'batlantirib, xavfsizlik choralarini ko'rib qo'yishlari kerak.

Aniq majoziy fikrlash davri – uch, to'rt yoshdan boshlab yetti yoshgacha davom etadi. Atrofdagi haqiqatlarini o'rganishi uchun fikrlash doirasi yanada kengayishi uchun pedagog tarbiyachi turli xil ko'rgazmalar, metodlardan foydalanib ta'lim berishi kerak. Bu davrda chizish qobiliyati shakllanadi. Bola ongida paydo bo'lgan narsalarni haqiqatga aylantirib, chizib bera olishi muhimdir.

Ijodkorlik – bu har bir bolaga xos bo'lgan xislatdir. Hatto rivojlanishidan ortda qolayotgan bolalar bilan ham ota-onalar, tarbiyachilar muntazam ravishda shug'illanib, ish olib borsa ularda takrorlanmas ijodkorlik qobiliyatlari yuzaga chiqadi. Mekansal fikrlash – bu bolani keyinchalik maktabda va mehnat faoliyatida eng kerakli bo'lgan narsa. Ongda tasvirlarni paydo bo'lishi, muammolarni hal qilish uchun mekansal fikrlashni rivojlantirib borish zarur.

Mantiqiy fikrlash – mekansal tafakkur kabi kelajakda intelektual rivojlanish muhim. Bola mantiqiy fikrlashni oʻrganmasa keyingi hayotida dunyoni bilishga qiziqishi ham yoʻqoladi. Muhandislik fikri – bu bolalarni fanlar bilan tanishtirib, olimlar, tadqiqotchilar, yaratish, texnik ijodkorlikni rivojlantirish uchun zamin yaratadi. Bundan koʻrinib turibdiki, Bolani voyaga yetguniga qadar yuqorida koʻrsatilgan barcha fikrlash qobiliyatlarini shakllantirib olish judayam muhim chunki barcha kelajakdagi intelektual qobiliyatlarni rivojlanishi aynan maktabgacha davrga bogʻliqdir. Quyida bolalarni ijodiy tafakkurin rivojlantiradigan ertak qahramonlarining obrazlari.

2-rasm.

Bugungi kunda tezlik bilan rivojlanib, borayotgan davrda jamiyatimiz kreativ fikrlaydigan, ijodkor shaxslarga ehtiyoji katta. Chunki, butun dunyo bo'ylab har daqiqada yangiliklar, o'zgarishlar sodir bo'lmoqda. Dunyo bilan hamnafas bo'lib, ortta qolmaslik uchun biz yoshlar va keyingi o'sib kelayotgan kelajak avlod har qaysi sohada mustahkam bilimga ega, izlanuvchan, muammolarni tezlik bilan bartaraf eta oladigan, o'z sohasida yangiliklar yaratib, xalqimizning ijtimoiy-iqtisodiy sharoitlarini yaxshilab boradigan bo'lishimiz kerak. Kreativlik va ijodkorlik insonni butun davri maktabgacha yoshdan to umrini oxirigacha davomiy bo'lishini talab qiladi. Xalqimizda ajoyib naql bor. "Yoshlikda olingan bilim – toshga o'yilgan naqsh" kabidir. Maktabgacha yosh insonni har tomonlama rivojlanib, yetuk shaxs sifatida shakllanishi uchun eng muhim va samarali davr hisoblanadi. Aynan manashu ondan bolada nutq, xotira, tasavvur, tafakkur, idrok hamda shaxsiy fazilatlar rivojlanib boradi. Demak, bu davridan boshlab kreativlikni faollashtirish uchun ishlab chiqilgan ijodiy o'yinlar, hayotiy hikoyalar, ertaklar, ijodiy mashqlar, tadbirlar, sayllardan foydalanish yanada ko'proq samara beradi.

Bunda tarbiyachi va ota-onalarning e'tibori va yordami zarur. Ijodkorlik-bu olloh tomonidan xar bir insonga berilgan fazilat biroq, uni rivojlanishi uchun sharoit va muhit muhim hisoblanadi. Bolalarga ham ijod qilishlariga erkinlik va sharoit yaratib berilsa o'z qobiliyatlarini namoyon qiladilar. Maktabgacha ta'lim muassasalarida bolalarni kreativ fikrlashlari uchun eski qoliplardan chiqib, yangicha usulda, qiziqarli va noodatiy tarzda, didaktik o'yinlar asosida ta'lim berilishi kerak.

Kreativlikka ega bo'lgan bolalar kattalarning har bir ta'limiy, tarbiyaviy va kasbiy ta'limotlarini tez ilg'ab oladilar va tez o'zlashtirib, hayotga tadbiq etadilar. Odatiy manzaralardan o'zgacharoq tasvirlarni tasavvur qilib, hech kim ilg'amagan jihatlarni payqay oladi va yangilik yarata oladi. Maktabgacha yoshdan kreativ fikrlay oladigan, ijodiy tafakkuri rivojlangan bolalar kelajakda buyuk kashfiyotlar va ixtirolar qilib o'z vatanlari ravnaqiga hissa qo'shadilar.

Maktabgacha ta'lim tashkilotlarida pedagog tarbiyachilarning kreativligi va o'ziga xos jihatlari.

Kompetensiya tushunchasi (lotincha. Compete- erishyapman, munosibman, loyiqman) degan ma'noni anglatadi. Kompetentlik tushunchasi (inglizcha competence-lug'aviy jihatdan qobiliyat, mazmun jihatdan faoliyatda nazariy bilimlardan samarali foydalanish, yuqori darajadagi malaka, iqtidor, mahorat) degan ma'nolarni bildiradi. Ko'p hollarda "kompetensiya" va "kompetentlik" tushunchalarini farqlab olish muhim bo'ladi. "Kompetentlik" tushunchasi pedagogning ma'lumoti, ko'nikmasi qobiliyati va tajribasini o'z ichiga oladi. Boshqacha aytganda, uning ma'lum bir ish turini bajarish qobiliyati hisoblanadi. Aslida, ikkala atama ham o'xshashdir. "Kompctcnsiya" bilimlarning umumiyligi va ularning odamlarda mavjudligini anglatsa, kompetentlik – bu bilimlarni ish jarayonida ishlatish darajasini anglatadi[29]. Kompetentlik – peadagog tarbiyachining

---

[29] G.R.Tojiboyev, D.T.Pulatova. Pedagogik kompetentlik: Nazariy va amaliyot.- Toshkent.2020.210-bet.

bolalarga ta'lim va tarbiya berishda davlat ta'lim standartlariga muvofiq javob bera oladigan samarali va sifatli tarzda o'z faoliyatini olib borishi tushiniladi. Kompetensiya – pedagogning umumiy shaxsiy bilim, malaka, ko'nikmalar bilan bir qatorda axloqiy fazilatlar, qadriyatlarni ham o'z ichiga oladi. Umumiy kompetensiyalarga ega pedagog bo'lish uchun bir vaqtni o'zida barchasini mujassamlashtira olishi kerak. O'z ustida ishlab bilimlarini kengaytirib, malakasini oshirib, nazariy bilimlarni amalyotda qo'llay olishi zarur.

Maktabgacha ta'lim tarbiyachisi kasbi XVII-XVIII asrlarda paydo bo'lgan. Uning o'ziga xos xislatlari mavjud: hushmomula, samimiy, sadoqatli, bolalar bilan do'stona munosabat o'rnata oladigan, nizolarni oldini olish va ularni hal qilishi lozim. O'z bilimlari ustida doimiy ishlashi, maktabgacha ta'lim va tarbiya usullarini bilishi muhim. Tarbiyachining ta'lim va tarbiya faoliyati samarali va natijali bo'lishi uchun diqqatli, ma'suliyatli, sezgir, sabrli bo'lib bolalar bilan ishlashga xohishi bo'lishi shart. Tarbiyachining og'zayki nutqi ravon, xotirasi mustahkam, malakali, jamoani boshqarish qobiliyatiga ega bo'lishi kerak. Har qanday holatlarda stresslarga chidamlilik, o'z xatti-harakatlarini va his-tuyg'ularini boshqara olish, kuchli asab tizimi eng zarur hisoblanadi. Tarbiyachi jismoniy tomonlama charchab, toliqmasa ham psixik tomonlama stress holatiga tushib qolishi mumkin. O'z kasbini va bolalarni sevgan va sabrli insongina bu kasbda uzoq vaqt samarali faoliyat yurita oladi.

6-chizma.

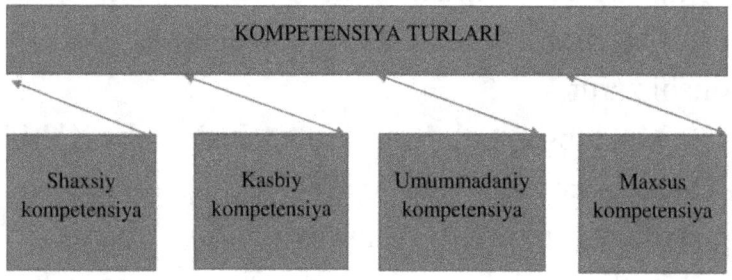

Shaxsiy kompetensiya:
- Insonparvarlik;
- Bolalarni sevish va mehribonlik qilish;
- Adolatli va talabchan bo'lish;
- Bag'rikenglik;
- Ma'suliyatlilik va sabr toqatlilik.

Kasbiy kompetensiya:
- Ta'lim berish va o'rganish uchun sharoit yaratish;
- Tegishli sport turi uslubini takomillashtirish;

- Axborot texnalogiyalarini qo'llay olishi;
- Ta'lim jarayonini boshqarishi;
- Bolalarni bilimi va yutuqlarini ob'ektiv baholash;
- Bolalarda motivatsiya uyg'otish va ularni qo'llab quvvatlash;
- Bolalarni shaxs sifatida hurmat qilish va uning yutuqlarini tan olish;
- Pedagogika va psixologiyani bilish;
- O'z bilimlarini doimo takomillashtirib borish.

Umummadaniy kompetensiya:
- Kasbiy etika va estetikaga rioya qilish;
- Madaniyatli bo'lish va unga hurmatda bo'lish;
- Umuminsoniy qadriyatlarga ega bo'lish;
- Mamlakatning ijtimoiy hayotidan habardor bo'lish va ishtirok etish;
- Boshqa millatlarning madaniyatiga hurmatda bo'lish.

Maxsus kompetensiya:
- Bolalarning ehtiyojlari va xohishlarini bilish;
- Turli yosh xususiyatlarini bilish va ular bilan ishlay olish qobiliyatlari.

"Komponentlik" tushunchasi ta'lim sohasiga psixologlarning ilmiy izlanishlari natijasida kirib kelgan. Psixologik nuqtai nazardan kompetentlik "noan'anaviy vaziyatlar, kutilmagan hollarda mutaxassisning o'zini qanday tutishi, muloqotga kirishishi, raqiblar bilan o'zaaro munosabatlarda yangi yo'l tutishi, noaniq vazifalarni bajarishda, ziddiyatlarga to'la ma'lumotlardan foydalanishda, izchil rivojlanib boruvchi va murakkab jarayonlarda harakatlanish rejasiga egalik"ni anglatadi.

Kaspiy kompetentlik – mutaxassis tomonidan kasbiy faoliyatni amalga oshirish uchun zarur bo'lgan bilim, ko'nikma,va malakalarning egallanishi va ularni amalda yuqori darajada qo'llay olishidir[30]. Kaspiy kompetentlik bilimlar sayqallanib, yangi axborotlar o'zlashtirilib, davr talablariga javob berib, yangi bilimlar ustida ishlab, ularni qayta o'z faoliyatida samarali ravishda qo'llanganda yuzaga keladi. Pedagog tarbiyachilar o'sib kelayotgan yosh avlodni har tomonlama yetuk, o'zbek xalqiga munosib shaxslar qilib tayyorlashda faxrli ish bilan birgalikda eng katta ma'suliyatli vazifani o'z zimmasiga oladi. Demak tarbiyachining o'zi birinchi o'rinda bilimli, ijtimoiy faol, tabiat va jamiyatdagi qonunlarni yaxshi o'zlashtirgan, maktabgacha yoshdagi bolalarga ta'lim-tarbiya berish pedagogikasini egallagan bo'lishi kerak.

---

[30] N.M.Quchqarova. Pedagogik kasbiy kompetentligi va kreativligi. -Toshkent. 2022.10-bet.

O'z faoliyatiga ijodkorona yondosha oladigan, bolalarning ruhiyatini va fizialogiyasini hamda yosh xususiyatlarini to'liq holda bilishi zarur. Maktabgacha ta'limdagi tarbiyachi bolalarni kognetiv rivojlanishiga imkon beradigan quyidagi ijtimoiy va kasbiy kompetensiyalarga ega bo'lishi kerak:

1. Ijtimoiy vakolatlarga ega jismoniy shaxslar o'rtasida ma'lumot almashish, ularning qiziqishlari va ehtiyojlarini bayon qilish, boshqa odamlarga nisbatan bag rikenglikning namoyon bo'lishi va ularning fikrlari, jamoada ishlash qobiliyativa hissiy barqarorlikka ega bo'lgan boshqa odamlarga turli xil yordam berish qobiliyati kiradi;

2. Kognitiv kompetensiyalar ma'lumotni mustaqil ravishda qayta ishlash va tuzatishda, yangi axborot manbalarini izlashda , o'qish yoki ishlashga konsentratsiya qilishda, olingan bilim va ko'nikmalardan foydalanish qobiliyatida namoyon bo'ladi;

3. Operatsion kompetensiyalar – maqsad va ish tartibini belgilash, noaniqlik va noaniqlikka qarshi turish qobiliyati, qaror qabul qilish va amalga oshirish qobiliyati, ish natijalarini sarhisob qilish, ish vaqti jadvalini aniqlash;

4. Maxsus kompetensiyalarga muammoni hal qilish, o'zini -o'zi boshqarish, kaspiy faoliyatda faol bo'lish, yangi vaziyatlarga moslashish, rejalarni baholash va tuzatish, xatolarni aniqlash va ularni yo'q qilishning yetarli usullarini rejalashtirish usullari kiradi[31].

Tarbiyachining o'z ustida ishlashi bir necha bosqichlarda amalga oshadi.

- O'z faoliyatini tahlil qilib, yutuq va kamchiliklarini aniqlab borishi;
- Yutuqlarini yanada ko'paytirishi, kamchiliklarini esa tuzatish;
- Amaliy faoliyatlarni samarali tshkillash yo'llarini topish;
- Xato va kamchiliklaridan o'ziga xulosa chiqarish va uni qayta takrorlamaslik;
- Qarorlar qabul qilingach, ularni muntazam bajarilishini nazorat qilib borishdan iborat.

Tarbiyachi o'tayotgan mashg'ulotlari yuzsidan chuqur bilimga ega bo'lishi, turli xil ko'rgazmalar va medialardan foydalanib, qiziqarli va tushunarli holda bolalarni o'ziga jalb qilib mashg'ulot o'tishi kerak. Mashg'ulot o'yin asosiga qurilgan bo'lib,

---

[31] N.M.Quchqarova. Pedagogik kaspiy kompetentligi va kreativligi.-Toshkent.2022. 11-bet.

o'yin orqali bola ta'lim-tarbiyani oladi va uni osongina hayotga tadbiq qila oladi.

7-chizma.

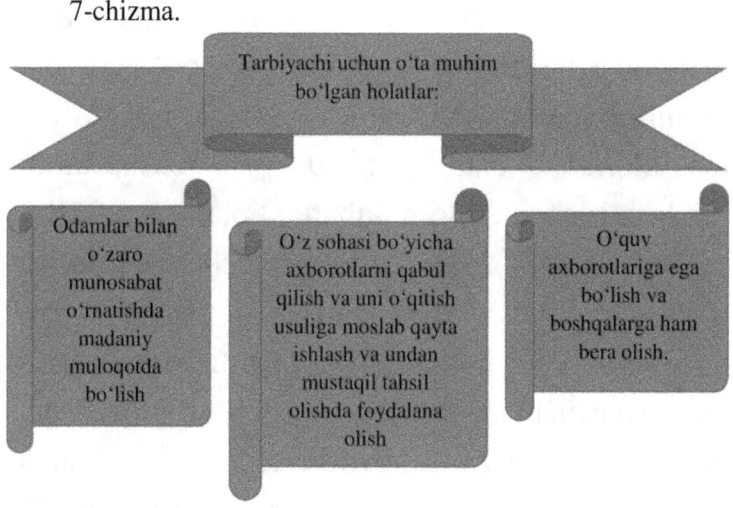

Hozirgi kunda tarbiyachiga juda ko'p talablar qo'yilmoqda. Tarbiyachining asosiy vazifasi – bu aniq bir fandan dars berish emas balki, bolalar bilan ta'lim-tarbiya ishlari bilan shug'ullanish. Birinchi o'rinda bolalar va ularning ota-onalari bilan yaxshi munosabatda bo'lishi, bolalar va ota-onalar bilan muammoli vaziyatlar kelib chiqqanda aql bilan ish ko'rib, vaziyatga yechim topishi muhim vazifasidir. Barcha bolalarga birdek hurmat va e'tiborda bo'lish, tarbiyachini bolalar orasida yanada ishonchli va obro'li bo'lishini ta'minlaydi. Har oy bolalarning tarbiyasi, jismoniy, nutqiy, ijtimoiy-hissiy, bilish hamda ijodiy rivojlanishini nazorat qilib borishi talab qilinadi. Tarbiyachi bolalarga ta'lim-tarbiya berishdan tashqari tarbiyalanuvchilar maktabgacha ta'lim muassasasida bo'lgan vaqt ularning salomatligiga va xavfsizligiga ham mas'uldir. Har qanday mashg'ulotni rejalashtirishdan oldin albatta bolani xavfsizligi ta'minlanishi kerak. Maktabgacha tarbiyachi bolalarning yosh guruhidan kelib chiqib, ularni mustaqillikka, jamiyatda o'zini tutish qoidalarini va moslashishni o'rgatadi. Katta yosh guruhlarini maktab hayotiga tayyorlaydi. Bola ruhan, jismonan va aqlan sog'lom rivojlangan bo'lsa maktab sharoitiga ham tez ko'nika oladi. Katta guruh bolalarini og'zayki hisoblash, rasmlar chizish, rangli qog'ozlardan foydalanib aplekatsiyalar yasash, plastilin kabi vositalardan foydalanib bolalarda ijodkorlikni uyg'otish tavsiya ctiladi.

8-chizma.

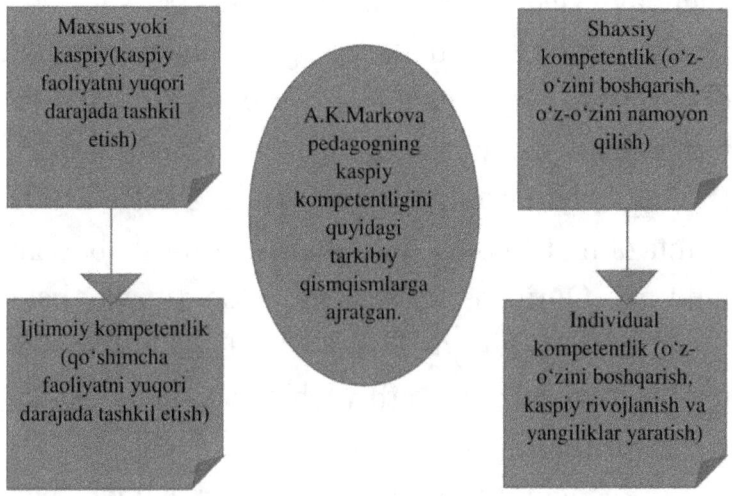

Ushbu kompetensiyalar pedagogik jarayonlarni tashkil etishda maktabgacha tarbiyachiga bilim, malaka va ko'nikmalarni innovatsion ilg'or faoliyatni amalga oshirishda va zamonaviy ta'lim texnalogiyalaridan amalyot davomida foydalanishga yordam beradigan asos bo'lib xizmdi qiladi.

Birinchi prezidentimiz I.A.Karimov tarbiyachilik qobiliyatining asosiy mohiyatini shunday ta'riflaydi: "Tarbiyachi – ustoz bo'lish uchun boshqalarning aql-idrokini o'stirish, ma'rifat ziyosidan bahramand qilish, haqiqiy vatanparvar, haqiqiy fuqaro etib yetishtirishi uchun eng avvalo, tarbiyachining o'zi ana shunday yuksak talablarga javob berishi, ana shunday buyuk fazilatlarga ega bo'lishi kerak"[32] deb fikr bildirganlar. Tarbiyachi – bu tarbiyalanuvchilar uchun ko'zgu , na'munadir. Buning uchun pedagog tarbiyachi o'z kasbi ustida muntazam ishlashi, bilimlarini oshirib borishi muhim. Qurigan daraxt va tosh meva bera olmaganidek, bir joyda qotib qolgan o'zini-o'zi rivojlantira olmagan tarbiyachidan ham kelajakda foyda yo'q.

Pedagoglar kreativlik potentsialiga ega bolishi uchun kasbiy faoliyatida quyidagilarga e'tiborini berishi kerak: -Kasbiy faoliyatiga ijodiy yondashish;-yangi g'oyalarni yaratishda faollik ko'rsatish; -ilg'or pedagogik yutuq va tajribalarni mustaqil o'rganish;-hamkasblar bilan pedagogik yutuqlar xususida fikr almashish. Har bir shaxsning o'zini - o'zi rivojlantirishi va o'zini - o'zi namoyon eta olishi bevosita uning kreativlik qobiliyatiga egaligi bilan bog'liq. Maktabgacha ta'lim tizimida ta'lim sifati – tarbiyachi va xodimlarning kasbiy rivojlanishi tavsifi bo'lib, zamonaviy bosqichida iqtisodiy taraqqiyot

---

[32] I.A.Karimov. Talabalar va yosh o'qituvchilar uchun risola.-Toshkent. 2009.99-bet.

talablariga mos kasbiy faoliyatni muvaffaqiyatli yurituvchi mutaxassisning kreativ qobiliyati va ish faoliyati bilan belgilanadi. Pedagog-tarbiyachi o'z-o'zidan ijodkor bo'lib qolmaydi. Uning ijodkorlik qobiliyati ma'lum vaqt ichida izchil o'qib-o'rganish, o'z ustida ishlash orqali shakllantiriladi va u asta-sekin takomillashib, rivojlanib boradi. Har qanday mutaxassisda bo'lgani kabi bo'lajak pedagoglarning kreativlik qobiliyatiga ega bo'lishlari uchun talabalik yillarida poydevor qo'yiladi va kasbiy faoliyatni tashkil etishda izchil ravishda rivojlantirib boriladi. Bunda pedagogning o'zini o'zi ijodiy faoliyatga yo'naltirishi va bu faoliyatni samarali tashkil eta olishi muhim ahamiyatga ega. Pedagog ijodiy faoliyatni tashkil etishda muammoli xarakterdagi ijod mahsulotlarini yaratishga alohida e'tibor qaratishi lozim. O'zini o'zi ijodiy faollashtirish – shaxsning ijodiy faoliyatda o'z imkoniyatlarini to'la namoyon eta olishi va rivojlantirishining ijodkor va kreativ bo'lishi yoki bo'lmasligi emas, balki mashg'ulotlarni ijodkorlik, kreativlik ruhida tashkil etishi, yangi g'oyalarni ta'lim

jarayonida sinab ko'rishga intilishi zarur[33]. Har bir tarbiyachi o'z kasbiga oid quyidagi bilim, ko'nikma, malakalarga ega bo'lishi kerak:
- Har qanday pedagogik jarayonda bolalarning ichki va tashqi dunyosini to'g'ri tushinish malakasi;
- Pedagogik vaziyatni to'g'ri idrok qilish uchun diqqatni jamlash malakasi;
- Tarbiyalanuvchilarga ishonch bildirish va talabchanlik qilish malakasi;
- Tarbiyaviy jarayonni har tomonlama puxta baholash qobiliyati;
- Xilma-xil pedagogik usullardan o'zi uchun eng muhimini ajrata olish qobiliyati;
- Muammoli vaziyatlarda ikkilanmasdan to'g'ri va foydali qaror qabul qilish;
- Tarbiya berishda samarali ta'sir ko'rsatadigan turli xil usullardan foydalana olish qobiliyati;
- O'z fikr mulohazalarini so'z bilan, mimika hamda pantomimik harakatkar bilan tarbiyalanuvchilarning ongiga yetkazib berish;

---

[33] F.G'.Xudoyberdiyeva. Tarbiyachining pedagogik faoliyatga kreativ yondashuvi.-Toshkent.2022.544-bet.

- Mashg'ulotlarda va mashg'ulotlardan tashqari faoliyatda tarbiyalanuvchilar bilan kommunikativ aloqa o'rnata olish qobiliyati;
- Tarbiyalanuvchilarning ongida erkinlik, tashabbuskorlik, mustaqil fikrlash, o'z mulohazalarini qo'rqmasdan bayon qilish ko'nikmalarini tarbiyalab borish;
- Qiyin vaziyatlarda tarbiyalanuvchilarga yordam berish;
- O'z-o'zini boshqarishning turli usullaridan samarali foydalanish;
- Har bir tarbiyalanuvchilarning yashirin ijobiy va ijodiy fazilatlarini ko'ra olish va uni rivojlantirish;
- Tarbiyalanuvchilarni ijtimoiy kelib chiqishiga qarab tabaqalashtirmaslik
- hamda bir xil munosabatda bo'lishdan iborat.

9-chizma.

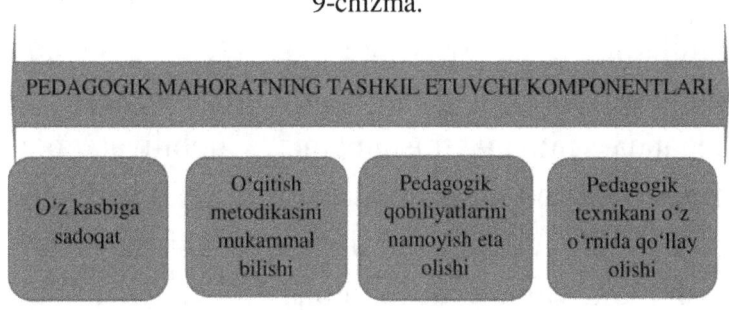

2. Pedagogik kreativlik va ijodkorlik orqali bolalarda ijodiy va kognitiv qobiliyatlarni aniqlash hamda rivojlantirishning usul va metodlari.

Pedagogik kreativlik – pedagogning an'anaviy pedagogik fikrlashdan oʻzgacha farqli ravishda ta'lim va tarbiya jarayonini samaradorligini oshirishni ta'minlashga xizmat qiluvchi yangi gʻoyalarni yaratib, shuningdek mavjud boʻlgan pedagogik muammolarni ijobiy hal qilishga boʻlgan tayyorgarligini tavsiflovchi qobiliyatdir[34].

Pedagog tarbiyachilarni kreativ tafakkurga ega boʻlishi ularning mashgʻulot faoliyatida ijodiy muhitni qay darajada tashkillaganida namoyon boʻladi. Mashgʻulot mavzusi boʻyicha turli xil koʻrgazmalargan foydalanib, kognitiv,ijodiy qobiliyatlarni rivojlanishida samarali medod va usullarni qoʻllashi tavsiya etiladi. Bolalarda turli xil qobiliyat turlarini rivojlantirish deganda nimani tushunamiz? qobiliyat oʻzi nima?. Har bir inson ma'lum bir qobiliyatga ega boʻladi. Bu qobiliyatlarni yuzaga chiqara bilish muhimdir. Buning uchun bolalalik davridan ota-

---

[34] N.M.Orinova. Bo'lajak pedagoglarni kreativlik kompetentligini rivojlantirishning pedagogik shart-sharoitlari.-Toshkent. 2022.395-bet.

onaning, tarbiyachi, ustozlarning roli katta. Inson tug'ilganda layoqad bilan tug'iladi. Layoqad qobiliyatga zamin yaratadigan poydevor bo'lib, insondagi tug'ma xususiyatga ega bo'lgan sifat hisoblanadi. Layoqad ikki turga bo'linadi: tabiiy layoqad, ijtimoy layoqaddan iborat. Tabiiy layoqad – odamning tug'ma xususiyatlari: oliy asab tizimining faoliyati, miya yarim sharining qanday ishlashi, qo'l oyoqlarning biologik va fizialogik sifatlari, bilish jarayonini ta'minlovchi sezgi organlari ko'z, quloq, burun, teri kabi xususiyatlardan kelib chiqadi.(Bu nasliy ota-onadan ginetik tarzda o'tadi). Ijtimoiy layoqad – bolalar tug'ilishi bilan uni o'rab turgan muhit, muloqot usullari, so'zlashish madaniyati, qobiliyatni rivojlantiruvchi zarur shart sharoitlar. (Ota-ona, tarbiyachi, o'qituvchilar, atrofdagilar tomonidan yaratiladi). Boladagi layoqad shakllantirilishi natijasida qobiliyatlar yuzaga chiqadi va rivojlanadi. Qobiliyat – bu insonning biror faoliyatga yaroqliligiva shu faoliyatni muvaffaqiyatli amalga oshirishi bilan bog'liq bo'lgan individual psixologik xususiyatdir. Qobiliyatlar umumiy va maxsus bo'ladi. Maktabgacha ta'lim tashkilotlarida rivojlantiruvchi markazlar orqali boladagi qiziqishlarga qarab qobiliyatlarni aniqlash kerak.

Bu esa albatta tarbiyachining kreativ mahoratiga bog'liq. Qobiliyatlar rivojlanishi natijasida bolada iste'dod paydo bo'ladi. Iste'dod – har tomonlama rivojlangan, kuchi va takrorlanmas qobiliyatdir. U tinimsiz mehnat va o'z qobiliyati ustida ishlash, qiyinchiliklarni yengib o'tish, barcha imkoniyatlaridan foydalana olish natijasida qo'lga kiritiladi.

Qobiliyatlarning quyidagi turlari mavjud
- Ilmiy va ijodiy;
- Maxsus va aqliy ;
- Matematik;
- Konstruktiv va texnik;
- Musiqiy;
- Ababiy;
- San'at – tasviriy ;
- Jismoniy.

Bolalarda ijodkorlik qobiliyatini rivojlantirish uchun pedagoglar va ota-onalardan quyidagi shartlar talab qilinadi:
1. Bolalar tabiatan qiziquvchan bo'ladilar ular tomonidan ko'p savollar berilgan paytda ularni rag'batlantirish va bu odatni qo'llab-quvvatlab kerak. Bolalar kichik yoshdan boshlab e'tiborlarini tortgan narsalar haqida ko'p savol beradilar, u haqida bilishni hohlaydilar.

Tarbiyachining vazifasi bolaga to'g'ri va to'liq javob berishdir shunda bolaning ehtiyojlari qondiriladi.

2. Bolalarning mustaqilligini rag'batlantirish va ularda ma'suliyat hissini kuchaytirish; qachonki bola mustaqil bo'la olsagina shunda o'z ishida ma'suliyatni his qiladilar. Demak ma'suliytni his qilgan bola faoliyatga bor vujudi bilan kirishadi.

3. Bolalar tomonidan mustaqil faoliyat tashkil qilinishi uchun zarur bo'lgan shart-sharoitlar yaratib berish; ya'ni taqiqilarni qo'ymaslik bolalarni ortiqcha qistovga olmaslik, o'zlari hohlab, qiziqib faoliyatga kirishishlarini ta'minlash.

4. Bolalarning qiziqishlariga befarq bo'lmaslik; bu shaxsga yo'naltirilgan ta'limning eng muhim omili sanaladi. SEM texnalogiyalari asosida bolalarni qiziqishlariga e'tibor qaratish. Bola o'zi qiziqqan sohasida ijodkor bo'ladi va butun ijodiy qobiliyatlarini namoyon qiladi. Demak ijod – aqliy salohiyatga bog'liq jarayon. Aqlan rivojlanishi va fikr tarbiyasini yaxshilash uchun bolaning fikrlashi, zakovati, xotirasi hamda mushohada qilish qobiliyatini rivojlantiradigan mashg'ulotlar o'tkaziladi, ularga turli ibratli ertak va hikoyalar so'zlab beriladi, aqlan zakovatini

o'stiradigan o'yinlar va mashg'ulotlarga jalb qilinadi hamda zarur bilim va ma'lumotlar yodlatiladi. Kognitiv fikrlashning ikki turi mavjud:

1. Vizual aqliy va samarali davr (tug'ilgandan uch yoshgacha) – bola atrofdagi hamma narsani tekshiradi, ushlab ko'rishga harakat qiladi hatto og'ziga solib ko'radi. Ya'ni atrof olamni o'rganishni eng oddiy usullaridan boshlaydi. Bu bosqichda tarbiyachilar va ota-onani ro'li turli xil qiziqarli narsalarni ko'rsatish, ularni nomini aytish, qo'llariga ushlab ko'rib, his qilishlariga imkon berish kerak.

2. Vizual majoziy davr (yetti yoshgacha) – bola vazifalarni bajarish, mantiqiy fikrlash yordamida vazifalarni hal qilishga o'rganadi. Tabiyachilar va ota-onalar bolani xotirasini, e'tiborini diqqatini va tasavvurini rivojlantirish uchun turli xil o'yinlarni o'ynashlari kerak. Kognitiv fikrlashni rivojlantiradigan xatti-harakatlar qoidalarini o'rgatib borish zarur.

3. Mavhum davr (yetti yoshdan keyin) bu yoshda bola ko'z bilan ko'rib qo'l bilan ushlab bo'lmaydigan narsalarni tasavvur qila oladi. Endi tarbiyachi bolaga turli xil muammoli vaziyatlarni berib uni xotirasi, tasavvuri va tafakkurini rivojlantirib boradi.

Fransuz psixologi Jan Piaje bolalik davrida kognetiv qobiliyatlarni rivojlanishini to'rt bosqichda sodir bo'ladi[35] deb aytga.

1. Sensomotor bosqich tug'ilishidan ikki yilgacha davom etadi. Bunda bolalar o'zlarining his-tuyg'ulari va ob'ektlarni boshqarish orqali dunyoni o'rganadilar. Uch oylik chaqaloq yuzni taniy oladi va yuz ifodasiga taqlid qiladi. To'qqiz oyda tovushlarga taqlid qiladi, ota-onani taniydi, begonalarga nisbatan qo'rquvni his qiladi. Jonli va jonsiz narsalarni farqlay oladi. To'rt oydan yetti oygacha bolalar o'z ismlarini bilib oladilar chaqirganda qaraydilar. To'qqiz oyda imo-ishora va harakatlarni taqlid qiladi. "Ha" yoki "yo'q" kabi oddiy so'zlar bilan o'z munosabatlarini bildiradilar. O'n ikki oylikda "dada", "ona" kabi ikki, to'rtta so'zlarni aytishi mumkin. Hayvonlarni ovoziga taqlid qilishlari yoki nomini aytganda qo'l bilan ko'rsatib bera oladilar. O'n sakkiz oylikda so'z boyligi elliktaga yetadi. O'z tana a'zolari haqida qiziqish bildiradi. Oddiy intizom qoidalariga rioya qila boshlaydi. Masalan o'yinchoqlarni yig'ishtirish kabi.

---

[35] https://blog.cognifit.com/uz/kognitiv-qobiliyatlarni-rivojlantirish/ 15:50

2. Operatsiyadan oldingi bosqich. Bu bosqich ikki yildan yetti yilgacha davom etadi. Bolaning so'z boyligi taxminan bir yuz ellik so'zni tashkil qiladi. Taxminan bu vaqtda bolalar kuniga o'nga yaqin yangi so'zlarni o'rganadilar va sevgi, ishonch va qo'rquv kabi his-tuyg'ularni tushuna boshlaydilar. Bolalar, shuningdek, o'yin o'ynash yoki "ishontirish" orqali o'rganishni boshlaydilar. Biroq, ularning boshqalarga bo'lgan nuqtai nazari va mantig'i yaxshi tushunilmagan va bolalar dunyoga o'zini o'ylaydigan nuqtai nazarga ega. Bu bosqichda bolalar o'zlarining tasavvur va xotira qobiliyatlarini ishga soladilar, ijtimoiy muloqot qobiliyatlarini rivojlantiradilar va o'z yoshidagi bolalar bilan hamkorlikda o'ynaydilar. Ular o'zlarini rivojlantirishni boshlaydilar. Bolalar o'qishni o'rganadilar, tartibni rivojlantiradilar va diqqatni jamlaydilar. Ushbu bosqichning boshida bolalarda e'tibor, uzoq muddatli va qisqa muddatli xotira rivojlanadi. Bolalar o'sib ulg'aygan sari, ular o'z e'tiborini nazorat qilishni va undan foydalanishni o'rganadilar muammolarni hal qilishda yordam beradigan kognitiv qobiliyat va maqsadga erishadilar.
3. Aniq operatsion bosqich bu bosqich yetti yoshdan o'n to'rt yoshgacha.

Ushbu bosqichda bolalar kamroq egosentrik bo'lishni va o'zini o'zi boshqarishni o'rganadilar. Ular boshqalarning fikrlari va his-tuyg'ulari haqida o'ylashni boshlaydilar va ular o'zlarining fikrlari va his-tuyg'ularini va ularni boshqalar bilan baham ko'rish qoidalarini ko'proq bilishadi. Bolalar, shuningdek, mantiqiy fikrlash va dunyoni boshqalarning nuqtai nazaridan ko'rish imkoniyatiga ega. Biroq, bu bosqichda bolaning fikri ko'pincha qattiq bo'ladi, shuning uchun ular mavhum tushunchalar bilan kurashishga moyil. Bu yerda bolalar ob'ektlarning tashqi ko'rinishi o'zgarishiga qaramay, hajm va og'irlik kabi narsalar bir xil bo'lib qolishi mumkinligini bilib oladilar. Misol uchun, ikki xil stakan bir xil hajmdagi suvni sig'dira oladi. Shuningdek, bu bosqichda bolalarning diqqat-e'tibori yoshi bilan ortib boradi. Olti yoshida bola o'n besh daqiqa davomida diqqatini bir vazifaga qaratishi mumkin.

4. **Rasmiy operatsion bosqich:** Bu bosqich o'n bir yosh va undan yuqori.

   Bolalar mantiq va mavhum g'oyalarni yaxshiroq tushunishga qodir. Ular mavhum g'oyalar haqida fikr yurita boshlaydilar va bu g'oyalarni hayotlariga tatbiq etadilar. Ular, shuningdek, muammolarning bir nechta echimlarini ko'ra oladilar va dunyoga ilmiy nuqtai nazardan qarashni boshlaydilar. Ushbu bosqichda o'smirlar mustaqil ravishda muammoni hal qilish qobiliyatlarini namoyon etadilar va mavhum g'oyalarni, masalan, so'z o'yinlar metaforalar, o'xshatishlar, falsafa va matematikani tushuna oladilar. Bolalar umumiy ma'lumotni muayyan vaziyatlarda qo'llashni ham o'rganadilar. Piaje o'z nazariyasida bolaning kognitiv rivojlanish bosqichlarini aniq holda izohlab, bu davrlarda qilinishi kerak bo'lgan ishlarni aytib o'tgan.

Kognitiv faoliyat o'ziga xos tuzilishga ega: Maktabgacha yoshdagi bolalar bilan ishlashda T. Kondratenko, V. Kotirlo, S. Ladivir bolalarning kognitiv faolligining uchta darajasini aniqlaydi, bunda bolalarning ko'proq ahamiyatga ega va chuqurroq xususiyatlarini ko'rsatib bergan.

1. Yuqori - bola faol, javob berish va muloqot qilishda tashabbuskor, qiziquvchan, har doim diqqatli, maslahatlarga amal qiladi, topshiriqni to'g'ri bajaradi, qiyinchiliklarni engish istagini ko'rsatadi, yechimlarni faol izlaydi, kattalar va tengdoshlar bilan osongina aloqa qiladi, nizolarni qanday hal qilishni biladi.
2. O'rta - bola faqat o'qituvchining iltimosiga binoan javob beradi; kattalarning tushuntirishlarini tinglaydi, lekin o'zi yordam

so'ramaydi, faoliyatni bajarish jarayonida takrorlash va ko'rsatmalarni talab qiladi; chalg'itadi, tengdoshlariga taqlid qiladi, vazifani qo'shimcha rag'batlantirish bilan bajaradi; qiyinchiliklarni engishga harakat qiladi, lekin muvaffaqiyatsiz bo'lsa, chekinadi. 3. Kam - bola passiv, faqat shaxsiy murojaat va kattalarning yordami bilan ishlashni boshlashi mumkin, maxsus yordamisiz faoliyatni boshlamaydi, namunasiz ishlamaydi, eng kichik qiyinchilikda yordam so'raydi, ishlashdan bosh tortadi; taklifnoma bo'yicha qo'shma tadbirlarga qo'shiladi, lekin munosabatlarga qanday qatnashishni bilmaydi.

10-chizma.

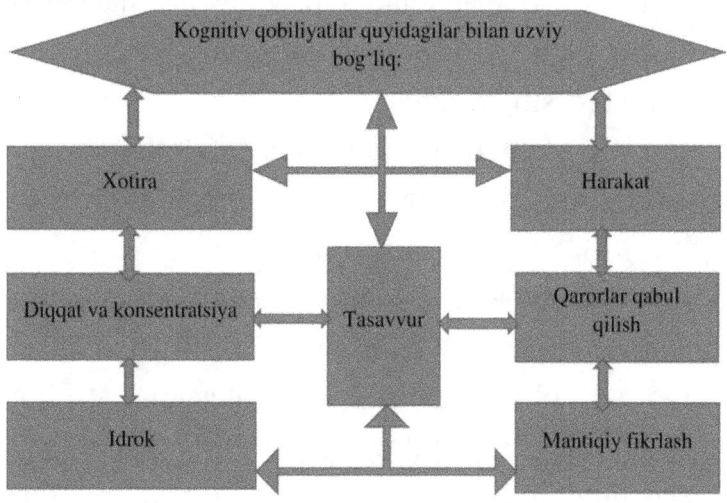

Quyidagi chizmadan ko'rishimiz mumkinki, kognitiv qobiliyat xotira, diqqat, idrok, harakat, qaror qabul qilish, mantiqiy fikrlash bilan bog'liq. Xotira-bu nerv sistemasidan biri bo'lib, idrok qilingan narsalarning yodda saqlanishi. Diqqat-ongni bir nuqtaga to'plash. Tasavvur-narsa va hodisalarni eslash, ijodiy hayol surish jarayoni. Qaror qabul qilish-olamdagi har qanday o'zgarishlar, qaror qabul qilish-koplab imkoniyatlar ichidan aynan bittasini tanlab olish. Mantiqiy fikrlash-to'g'ri tafakkur yuritish, dalillar asosida xulosa chiqarishdan iborat.

Pedagog tarbiyachi bolalarning kognitiv qobiliyatlarini rivojlantirishida albatta yuqorida ko'rsatilgan xususiyatlar bo'yicha alohida-alohida ishlashi kerak. Qachonki bularning barchasi faol rivojlanganda bolaning kognitiv va ijodiy qobiliyati o'sib boradi.

Maktabgacha ta'lim tashkilotlarida rivojlantiruvchi markazlar asosida ta'lim-tarbiya berish metodlari:

Maktabgacha ta'lim metodlarini joriy qilishda tarbiyalanuvchining yosh xususiyatlarini e'tiborga olish zarur. Maktabgacha ta'lim metodlarini yaratayotganda zamonaviy yondashuvlarga ham amal qilish zarur. Mktabgacha ta'lim metodi – ta'lim jarayonida tarbiyachi va tarbiyalanuvchilarning aniq maqsadga erishishiga qaratilgan birgalikdagi faoliyatdir. Bolalarga ta'lim berishda asosan og'zayki, ko'rgazmali, amaliy metodlardan foydalaniladi. Og'zayki metod – hikoya, ertak, suhbatlar asosida qo'llaniladi. Bu tarbiyalanuvchining xotirasiga qarab tashkillanadi. Tarbiyachi tushuntiradi, bolalar tinglaydi. Ko'rgazmali metod – og'zayki bayon qilayotib, rasmlar, chizmalar, jadvallar, doskadagi yozuvlarga diqqatni tortish uchun. Demonstratsiya metodi – kinoaparat, LETI kabi texnik vositalar asosida mashg'ulotlar o'tadi. Tabiiy ko'rgazmalar – barcha predmetlarni tabiiy holda ko'rsatish, ushlab ko'rishiga imkon berish, tabiatga sayohatlar uyishtirib, turli jonivor va qushlarni ko'rsatish. Muammoli izlanish metodi – muammoli izlanish turidagi metodlar tarbiyalanuvchilarning tafakkuriga, ularning ijodiy faoliyatiga yo'nalgan ta'lim metodidir. Bu metodlar asosida o'quv-tarbiya ishlari tashkil etilganda tarbiyachi va tarbiyalanuvchilarning o'zaro ta'siri quyidagicha:

11-chizma.

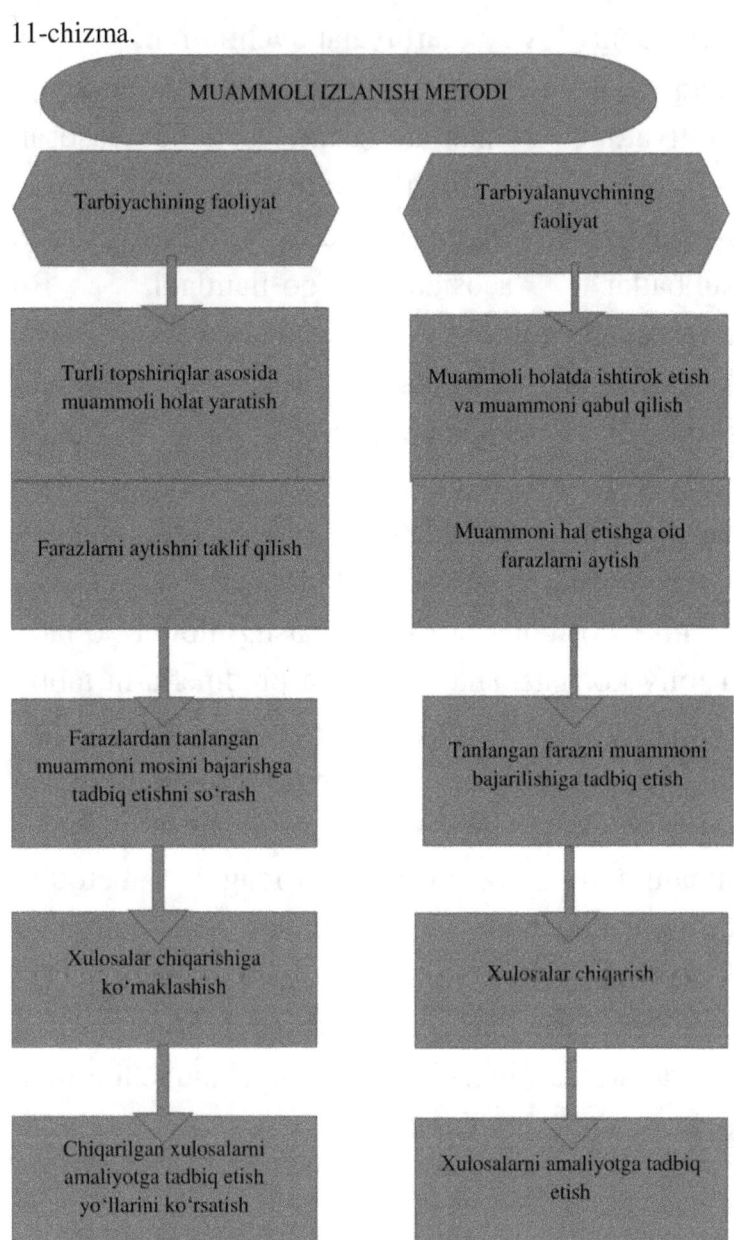

Didaktik o'yinlar metodi – bu metodda og'zayki bayon etish, ko'rgazmali, amaliy metodlarning elementlari qo'llaniladi. Didaktik o'yinlarning samaradorligi shundaki, ular vositasida o'quv-tarbiya ishlari hayotga yaqinlashtiriladi. Didaktik o'yin turlari quyidagilar: Stimulyativ o'yin ta'limi – hayotda bo'lib o'tgan ijtimoiy voqealarga asoslanadi. Bu o'yindan markazlarda unumli foydalaniladi. Bir tarbiyachi Amir Temur, boshqasi Boyazid, qolganlari askarlar, sarkardalar rolida ishtirok etadi, shu yo'l bilan ta'lim bo'lib o'tgan tarixiy voqeaga asoslanib tashkil etadi. Instsenirovka o'yin ta'limi – (rollarga ajratish) MTTda mehmon kutish, kasalni davolash, xarid qilish kabi turli hayotiy voqealardan kelib chiqadi. 3.**Maktabgacha yoshdagi bolalarni har tomonlama rivojlanishida tarbiyachining kreativ yondashuvi va rivojlangan davlatlarning ta'lim jarayonidan andoza olib, mentalitetimizga mos ravishda qayta ishlab, uni amalda qo'llash.**

Tarbiyachi bolalarni har tomonlama rivojlantirishi uchun "Ilk qadam" davlat o'quv dasturiga muvofiq, tematik rivojlantirish maktabgacha yoshdagi bolalar uchun mo'ljallangan rivojlanish markazlarida ta'limiy va tarbiyaviy jarayonlarni amalga oshiradi. Bu pedagoglarga har bir bolaning o'ziga xosligi, individual qiziqishlari va ehtiyojlarini hisobga olishi kerakligini bildiradi. Maktabgacha ta'lim tashkiloti guruxlari xonasida rivojlantirish markazlarini tashkil etishda, bolalarning rivojlanishida o'yin faoliyatini inobatga olish kerak. O'yin orqali bolaning ijodiy, aqliy, jismoniy, ijtimoiy-hissiy, nutqiy faolligi ta'minlanadi. Unda ijodiy tuyg'ularni shakllantiradi, dunyoga, insonlarga, o'ziga tog'ri munosabatda bo'lish ko'nikmalari shakllanadi – bu esa maktabgacha ta'limning asosiy maqsadi hisoblanadi. Zamonaviy maktabgacha ta'lim tashkilotlarining asosiy maqsadi: Bolani nafaqat maktabga tayyorlash balki, ularni aqliy va ijodiy qobiliyatlarini rivojlantirish, o'yin faoliyati orqali mustaqil bo'lish ko'nikmalarini shakllantirishdan iborat. Tarbiyalanuvchilar kattalar bilan muloqot qilib, o'zining ijtimoiy tajribasi va atrof-olam to'g'risidagi tasavvurlarini kengaytirishadi. Pedagog rivojlantirish markazlarida o'yin faoliyatini o'tkazayotganda quyidagilarga amal qilishi zarur:

1. Pedagog o'yinni syujetini oldindan o'ylab, o'yin predmetlarini tayyorlab qo'ygan bo'lishi va erkinlik va mustaqillikni ta'minlashi yoki o'zi ham o'ynayotgan bolalarga qo'shilishi mumkin.

2. Pedagog o'yinda bolalar bilan teng asosda ishtirok etib, o'yin mazmuniga yangiliklar kiritishi va turli xil usullarda amalga oshirishni ta'minlashi kerak. Tarbiyachi o'z tarbiyalanuvchilariga nisbatan judayam e'tiborli va sabrli bo'lishi zarur. Bola maktabgacha ta'lim tashkilotiga ilk kelgan kunidan hozirgi kungacha bo'lgan o'zgarishlarni kuzatib borishi muhim. Shunda bolani qay darajada o'sganini ko'rishi mumkin. Qaysi soha bo'yicha ortta qolayotgan bo'lsa alohida individualniy shug'ullanish imkonini beradi. Kreativlik xususiyatiga ega tarbiyachi har bir mashg'ulotni bir-biridan farqli ravishda eski qoliplarda chiqib, bolalar qiziqishlarini inobatga olib tashkillaydi. Tinimsiz o'z ustida ishlashi, rivojlangan davlatlarning maktabgacha ta'lim tizimidan andoza olib, mentalitetga mos ravishda ishlab chiqib uni amalga tadbiq etib borishi, bolalar rivojlanishini yanada mustahkamlaydi. Quyida rivojlangan davlatlarning maktabgacha ta'lim jarayoni haqida keltirib o'tamiz: O'zbekistonning maktabgacha ta'lim "Ilk qadam" o'quv dasturi Koreyaning "Nuri" dasturidan andoza olgan holda milliy madaniyatimizga, mentalitetimizga moslangan holda ishlab chiqilgan. Maktabgacha ta'lim vazirligining eng muhim salohiyatli hamkori –

Koreya Respublikasi Ta'lim vazirligining Maktabgacha ta'lim va bola parvarishi Departamentida bo'lib o'tdi. Uchrashuvda Koreya tomoni O'zbekiston delegatsiyasiga Koreyada maktabgacha ta'lim va bola parvarishi bosqichlari, sohani rivojlantirish strategiyalarini ishlab chiqish prinsiplari, yangi "Nuri" maktabgacha ta'lim Milliy dasturini joriy qilish jihatlari haqida ma'lumot berdilar. Shuningdek, to'lov tizimlari, ta'lim muassasasi turidan kelib chiqqan holda narxlarni belgilash prinsiplari, Davlatning maktabgacha ta'limga yo'naltirayotgan xarajatlari, shuningdek istiqboldagi rejalar, jumladan, maktabgacha ta'lim strukturasida Davlat bog'chalari ulushini kengaytirish, elektron qabul tizimini joriy qilish, pedagoglar malakasini oshirish hamda sohani takomillashtirish tendensiyalari haqida ham ma'lumotlar berildi[36].

Koreya Respublikasining tajribasi albatta e'tiborga molik va ishonamizki, O'zbekistonda maktabgacha ta'lim tizimini isloh qilish jarayonlarida bu boradagi Koreya modeli elementlari albatta o'z aksini topadi. Janubiy Koreyada bolalar bog'chasi ikki xil ataladi:

---

[36] https://kun.uz/uz/62960501 16:49

«orinichib» va «yuchivon». («Orini» — «bolalar», «chib» — «uy» degani). «Kurib orinichib» davlatga qarashli maktabgacha ta'lim muassasasi bo'lib, bolalarni juda erta, hatto bir yoshga yetmasidan qabul qiladi. «Yuchivon» esa xususiy, unga bolani uch-to'rt yoshdan topshirish mumkin. Ularda ingliz tili chuqur o'rgatiladi, mashg'ulotlar doirasi keng[37].Muassasada bolalar uchun qiziqarli mashg'ulotlar, amaliy san'at, rasm, musiqa, sport, o'qish, yozish mashg'ulotlari o'tkiziladi. Koreys bog'chalarida tartib va qoidalarga rioya qilish birinchi o'rinda turadi. Sanitariya gigiyena qoidalariga rioya qilish, o'z tanasini ozoda tutish, aytilgan topshiriqlarnini o'z o'rnida bajarish kabi qoidalarni o'rganadilar. Buni tarbiyachilar bolalarning ongiga kichkinalaigidan singdirib boradi. Bolalar to'palon qilgan vaqtlarda, turli xil muammoli vaziyatlarda ham bolalarni urishish, kamsitish, tahqirlash qat'iyan man etilgan buni har bir tarbiyachi biladi va bunga amal qiladi. Tarbiyachining tashqi imiji, muloyim ovozda muloqotda bo'lishi, bolalarning qiziqish va hohishlarini hurmat qilishi bilan ajralib turadi. Bola biror do'sti bilan urishganda yoki to'palon

---

[37] http://marifat.uz/marifat/ruknlar/maktabgacha/2426.htm 17:52

qilgan vaqtda uni urishmaydi chunki, bolani o'ziga bo'lgan ishonchi yo'qoladi. Aksincha unga oq qog'oz bilan qalam berib o'tkizib qo'yadi. Bola ichidagi yomon emotsiyalarni qog'ozga chizish orqali chiqarib tashlaydi. Bola tinchlanib olgandan so'ng tarbiyachi Bolani oldiga olib nega bunday ish qilganini so'raydi, uni qilgan ishlari yaxshi emasligini tushintiradi. Bolaga bunday muammoli vaziyatda o'z qilgan ishini to'g'ri yoki noto'g'ri ish qilganiga baho berishini aytadi. Rasm chizish orqali ijodkorligi oshadi hamda muammolarni hal qilishni o'rganadi.

Yaponiya – bolalar bog'chasi ikki turdan iborat bo'lib, ular: "Hoikuen" – davlat bolalar parvarishi markazi. Kichkintoylar uchun mo'ljallangan. "Youjien" – xususiy bolalar bog'chasi. Ushbu muassasa katta bolalar uchun mo'ljallangan. Bu yerda ular qo'shiq aytish, rasm chizish, o'qish, hisoblashni o'rganadilar. Ular bu yerda to'liq maktabga tayyor bo'lib chiqadilar[38]. Yaponiyada bog'cha tarbiyachilari bolalarga kattalar va o'z tengdoshlari bilan yaxshi munosabatda bo'lishiga yordam beradilar, tabiatni hurmat qilish, sog'lom turmush odatlarini egallash, ijtimoiy xulq-atvor ko'nikmalarini

---

[38] https://fayllar.org/yaponiya-maktabgacha-talim-yaponiyadagi-bolalar-bogchalari.html8:53

o'zlashtirishlarini ta'minlaydilar. Bolalar uch yoshdan olti yoshgacha bog'chada ta'lim-tarbiya oladilar. Ertalab 7:00 da bog'chaga keladilar 9:30 ga qadar erkin o'ynaydilar so'ng "hammasini joyiga qo'ying" qo'shig'i yangraydi. Bolalar o'yinchoqlarni darhol joyiga qo'yib, o'n minutli mashqlarni bajaradilar. Keyin "hamma o'z guruhiga" qo'shig'i yangraydi. Bolalar foyeda oq kiyimlarini yechib, guruhlariga qaytib boradilar. Yil fasllari haqida suhbatlashib, sanaladilar. Pedagog tarbiyachining rahbarligida o'ttiz daqiqa hisoblash, rang berish bo'yicha ish daftarlariga vazifalarni bajaradilar. Vazifa tugagach tarbiyachi bolalarning daftariga vazifani qay darajada bajarganini tasdiqlash uchun rasm stikr yopishtirib qo'yiladi. Hafta oxirida, oy oxirida, yil oxirida stikr rasmlar tekshirib chiqiladi. Shunda bolaning mashg'ulotlarni qay darajada o'zlashtirganligini bilib oladilar. So'ng o'n daqiqadan qirq besh daqiqagacha ovqatlanadilar. Har bir bola o'z qutichasiga uydan yegulik, stakan, salfetka, tayoqchalarini oladilar. Bog'cha tomonidan qo'shimcha issiq ovqat va bir shisha sut beriladi. Bolalar ovqatlanishdan oldin ham keyin ham o'zlariga o'zlari xizmat ko'rsatishadi. Tarbiyachi ularni mehnatga yoshlikdan o'rgatadi. Hatto o'ynagan o'yinchoqlarini va xonalarini ham tozalab, tartibga keltirirshni tarbiyachi bilan birgalikda amalga oshiriladi. O'qituvchi bolalarga geometrik shakllarni tushuntiradi., Yaponiyada asosan matematikaga bog'cha yoshidan alohida e'tibor qaratiladi. Eng e'tiborli tomoni shundaki o'qituvchi o'zini yomon tutgan bolalarga tanbex bermaydi. Ularni muammolarini mustaqil o'zlari hal qilishlari tavsiya qilinadi. Bazi hollarda bog'cha direktori bunday bolalar bilan tushintirish ishlarini olib boradi. Tarbiyachi bolalarga salomlashish, xayirlashish, rahmat, rag'batlantirishni ham rasmiy ham norasmiy nutq orqali o'rgatadi. Yaponiya ta'limda ma'lum bir nazariyaga amal qilmaydi. Ular eng yaxshi yutuqlarni, muvaffaqiyatli modellarni, muvaffaqiyatga olib boradigan samarali usullarni olishadi. Yaponiyada ta'lim-tarbiya oiladan boshlanib, odob-axloq qoidalariga qattiq amal qiladilar. Bolalardan quyidagilar talab qilinadi erta turish, mehnat qilish, o'ynash, jismoniy mashqlar bilan shug'ullanish, to'g'ri ovqatlanish, kattalarga, yon atrofdagi insonlarga, tabiatdagi barcha jonzotlarga hurmatda bo'lish, boshqalarning his-tuyg'ularini ham doim inobatga olish talab qilinadi. Yapon tarbiyachilari bolalarga bog'cha yoshidan o'lim, yovuzlik bilan tanishtiradilar, ularning oqibati haqida kitoblar, hikoyalar o'qib beradilar. Ular dunyo bo'yicha global voqealarni ham o'z nuqtai nazarlaridan tahlil qilib ko'radilar. Bog'chalarga yoshi katta bobo buvilar taklif qilinib, katta gulxan atrofida hayotiy tajribalar haqida suhbatlar uyishtiriladi. Rojdestvo bayramlarida bolalar ustozlari bilan qashshoq mamalakatlarga xayriya qilish uchun oziq-ovqat va dori-darmonlar uchun qutilar olib kelishadi. Bolalar urushni yomon ekanligini bilib, tarbiyachilar bilan urushni to'xtatish haqida xatlar yozib, rasmlar chizib kanvertlarga solib turli xalqaro tashkilotlariga yuboradilar. Yaponiya bog'chalaridan bolalar odob-axloq, ma'suliyat, ijtimoiy munosabatlarni, bag'rikenglikni o'rganib chiqadilar.

Germaniya – bog'chalari to'rt oylikdan olti yoshgacha bolalatni qamrab olgan. Germaniya bolalar bog'chasidagi gruppalarning yoshlari bir xil emas uch, to'rt, besh yoshliklar bir guruhda tarbiyalanishadi. Bunday gruppalar oilaviy gruppa deb nomlanadi. Ularning soni o'n beshtadan oshmaydi. To'rt oylikdan uch yoshgacha gruppalar ham mavjud. Eng qiziqarli tomoni shundaki, Germaniyada bolalar bog'chasi turli-xil bo'ladi. 1. Waldkindergarten (nemischa Wald so'zidan – o'rmon, Kindergarten – bolalar bog'chasi). Bolalar doimo ochiq havoda bo'ladilar, daraxtlar va boshqa o'simliklarni o'rganadilar. Tabiiy materiallardan turli narsalar yasaydilar. Bolalar tabiatni sevish, asrab-avaylashni o'rganadilar. 2. Bauernhofkindergarten (nemischa Bauernhof so'zidan – dehqon hovlisi qo'rg'oni: Kindergarten – болалар боғчаси). Bunday bog'chalar dehqon xo'jaliklari va fermerlarga yaqin joylarda bo'ladi. Ular bog'larda mevalar va sabzavotlar yetishtirishni o'rganadilar. Hayvonlar va qushlarni kuzatadilar. 3. Reggio-Kindergarten[39]. Bunday bog'chalar bozor yarmakalariga o'xshaydilar. Bu bog'chalarda bitta katta xonada qurish va kanstruktorlarni yig'adilar, kubiklarni o'ynaydilar. Rasm ham chizadilar, devorlarga vatmin qog'ozlar osib qo'yiladi. Bolalarga maxsus kiyimlar kiygiziladi. Ular hohlagan yerlariga devorgami polgami rasm chizishlari mumkin. Hunarmandchilik va musiqa xonalari ham mavjud. Bu bog'chalarda tarbiyachilar bolalarga atrofdagi joyni o'zlashtirishlarida yordam beradilar. 4. Freinet-Kindergarten. Bu bog'chalarda bolalar butunlay mustaqil bo'ladilar. Qanday o'ynashi, nimalar

---

[39] E.B.Parmonov. Maktabgacha ta'lim tashkilotlarida bolalarni tarbiyalashda xorijiy tajribalarning psixologik jihatlari.-Andijon. 2020. 347-bet.

bilan shug'ullanishi, qachon ovqatlanishi va uxlashini o'z xoxishlariga ko'ra hal qiladilar. 5. Integratsional bolalar bog'chalari. Bunday turdagi MTTlarda sog'lom bolalar bilan jismonan va ruhiy nosog'lom bolalar bilan birgalikda tarbiyalanadilar. Bunday sharoit sog'lom bolalar uchun chidamlilik, bag'rikenglik va hurmat qilishni o'rganadilar. Imkoniyati cheklangan bolalar jamiyatdan ajratilmagan holda tengdoshlari bilan muloqotni, hamjihatlilikni o'rganadilar. Germaniyada bunday bog'cha va maktablarni soni ko'pligi nogironlarni yashashi va ta'lim olishi, o'zlarini namoyon qilishlari uchun keng sharoitlar yaratilgan. 6. Intrernasional bolalar bo'g'chalari. Bunday bog'chalar turli xil millat bolalariga mo'ljallangan. Turk, nemis, yahudiy, rus bolalari ko'p uchraydi. Guruhlarda bitta ona tilida so'zlovchi tarbiyachi, bitta nemis tilida so'zlovchi tarbiyachilar bo'ladi. Ular nemis tilini ham o'rganib boradilar.

Finlandiyada – bog'chalariga to'qqiz oylikdan olti yoshgacha bolalarni qabul qilinadi. Maktabgacha ta'lim muassasalarining asosiy vazifalari: bolalarga g'amxo'rlik qilish va ota-onalarga ta'lim berishda yordam berish. Maktab intizomining asoslarini o'rgatish va jamoada bir-

biri bilan o'zaro munosabatda bo'lishidir. Maktabgacha ta'limda turli yoshdagi bolalar guruhlari o'n ikkidan yigirmagacha bolalni tashkil qiladi. Bitta tarbiyachi eng ko'pi bilan to'rtta bola bilan shug'ullanishi mumkin, bu qoidalar qonun bilan mustahkamlangan. Finlandiyada bolalar olti, yetti yoshida boshlang'ich maktabga kirishdan bir yil oldin, bolalar maktabgacha ta'lim oladi, bu hamma uchun majburiydir. Mahalliy bog'chalarda bolalar ixtisoslashtirilgan guruhlar mavjud. Bolalarga o'qish, yozish, matematika, fan, axloq fanlari o'qitiladi. Finlandiyada barcha ta'lim tizimlari bepul xizmat <u>ko'rsatiladi.</u> <u>Maktabgacha ta'lim tashkilotlarida ham bolalar</u> <u>bepul ovqatlanadilar,</u> ta'lim-tarbiya oladilar. Fransiyada maktabgacha ta'lim tashkilotlarida mashg'ulotlar tonggi soat 8:30 dan 16:20 ga qadar olib boriladi. Chorshanba kunidan tashqari barcha kunlar mashg'ulot kunlari hisoblanadi. Chorshanba kunlari bolalar raqs, dyuzdo, futbol vas hu kabi boshqa mashg'ulotlar bilan band bo'ladilar. Bog'chalarda tabiatga doir mashg'ulotlar va rasm chizish ko'nikmalari shakllantiriladi. Shuningdek, chiroyli yozuvga alohida e'tibor qaratiladi. "Escargot" deb ataluvchi metod bog'chalarda keng qo'llaniladi va shu metod bolalarda tabiatga bo'lganmuhabbatni va hayvonlarga bo'lgan mehrni oshirishga xizmat qiladi.

Bola o'z faoliyatining asosiy qismini uyda emas balki, maktabgacha ta'lim tashkilotlarida o'tkazadi, o'ziga kerakli ta'lim-tarbiyani shu yerdan oladi. Bundan ko'rinib turibdiki, muassasada faoliyat yurituvchi tarbiyachilarning o'rni va ahamiyati katta.

Maktabgacha ta'lim tashkiloti tarbiyachisi bolalarni muvaffaqyatli tarbiyalashi uchun zarur bo'lgan shart-sharoitlar yaratishi, har tomonlama jismoniy, aqliy, ijodiy, psixologik salomatligini mustaxkamlashda g'amxo'rlik qilishi, barcha xavfsizlik choralarini ta'minlashi zarur. Bolani o'rab turgan atrof-muhitga e'tiborli bo'lishi muhim ahamiyatga ega. Chunki uning kayfiyatiga, psixikasi, emotsional ko'rinishiga ta'sir qiladi. Bolalar bilan ta'lim-tarbiya ishlarini olib borish tarbiyachining eng asosiy funksiyasidir. Zaomonaviy tarbiyachi psixologik-pedagogik, sotsiologik tadqiqotlarga tayangan holda bola shaxsini rivojlanishi uchun oila ekanligini anglab yetgan holda ota-onalar bilan pedagogik ishlarni amalga oshiradi. Ota-onalarni bola tarbiyasida faol hamkorlikni yo'lga qo'yish, mazkur jarayonda ijtimoiy yordamga muhtojlik sezuvchi oilalar bilan alohida ish olib borishi maqsadga muvofiqdir. Tarbiyachi yosh avlodni tarbiyalashi uchun yuqori ma'lumotli, kasbiy bilimlarni puxta egallagan, zarur metodik adabiyotlarni tanlay oladigan, ilmiy adabiyotlar bilan ishlay oladigan, ilg'or tajribali pedagoglarning tajribasini o'rganib, o'z ishiga kerativ yondoshgan holda tadbiq eta oladigan shaxs bo'lishi lozim. Tarbiyachi kuzatuvchanlik qobiliyatini yaxshi egallagan, ularning xulq-atvori, xatti-xarakatlarini tahlil etib, bolaga ijobiy ta'sir etuvchi vositalarni topa oladigan bo'lishi kerak. Tarbiyachining nutqi ravon va aniq, ixcham va tushunarli bo'lishi kerak. Ta'lim tarbiya berishda zamonaviy pedagogik axborot texnologiyalaridan foydalana olishi lozim. Tarbiya jarayonida ta'limning interfaol metodlaridan samarali foydalana olishi zarur. Tarbiyachi bolalarni har tomonlama rivojlanishida ularning faoliyatining xilma-xil turlariga faol jalb eta olishi, ularda ijodkorlik, qiziquvchanlik, izlanuvchanlikni oshirib borishi, bolalarni xulq-atvori, xatti-harakatlarini muntazam tashxis etib, korreksion ishlarni amalga oshirib borishi kerak.

Foydalanilgan adabiyotlar ro'yxati

PQ – 3261-son.09.09.2017 Maktabgacha ta'limni tubdan takomillashtirish chora-tadbirlari to'g'risidagi qaror.

PQ-3955-son 30.09.2018. Maktabgacha ta'lim tizizmini boshqarishni takomillashtirish chora-tadbirlari.

PQ – 4312-son. 08.05. 2019. Maktabgacha ta'lim tizimini 2030-yilgacha rivojlantirish konsepsiyasi.

PQ – 4884-son. 06. 11.2020. Ta'lim tarbiya tizizimini yanada takomillashtirishga oid qo'shimcha chora-tadbirlar.

PF – 60-son. 28.01.2022. 2022-2026-yillarga mo'ljallangan Yangi O'zbekistonning taraqqiyotstrategiyasi to'g'risidagi farmon.

M.U.Oripova. Kreativlik tushunchasi, mazmun mohiyati va uning nazariy metodologik asoslari.-Toshkent. 2022.

T.T.Nazarov, A.M.Sayupova. Maktabgacha yoshdagi bolalarni kreativ fikelashga o'rgatishning psixologik aspektlari.-Toshkent. 2021.

D.Sharipova, D.P.Xodiyeva, M.K.Shirinov. Kreativlik (lot,ing.) "create"- yaratish, "Creative"- yaratuv.-Toshkent.2019.

T. Smith. Bolalardagi ijodkorlik:uni rivojlantirish uchun 15ta maslahat.-Toshkent.2032.

I.Mashayev. Kreativ fikrlash va ijodkorlik.-Toshkent.2022.

O'.Asqarova, Z.Qoraboeva, M.Samidjonova. Maktabgacha ta'limmetodologiyasi.-Toshkent.2022.

S.X.Jalilova, S.M.Aripova. Maktabgacha yoshdagi bolalar psixologiyasi.-Toshkent.2017.

K.B.Murotmusayev, A.X.Ermatov, N.Sh.Qurbonova. Tafakkur psixologiyasi.-Toshkent. 2022.

S.Jumanova. Noodatiy fikrlash mahorati yohud kreativlik qanday shakllantiriladi?.-Toshkent.2019.

A.V.Shin, Sh.Sh.Mirziyoyeva, I.V.Grosheva. Shaxsga yo'naltirilgan yondashuv asosida ta'lim jarayonini rejalashtirish.-Toshkent.2020.

G.R.To'xtasinova, T.I.Ormanova. Bolalar bog'chasida intellectual psixologik o'yinlar.-Toshkent.2022.

B.S.Ruzimatova, I.I.Yulchiyev. Kreativ pedagogika – Pedagogika yangicha yondashuv.-Farg'ona.2021.

M.Ahmedova. Pedagog - tarbiyachining ijodkorlik sifatlari.-Nukus.2021.

Z.Musayeva. Maktabgacha ta'lim tarbiyachisi pedagogic faoliyatining o'ziga xosligi.-Jizzax.2021.

S.Y.Saidg'aniyeva, Sh.R.Abdullayeva,I.A.Abduqunduzov. Kreativ pedagogik faoliyatni rivojlantirishning asosiy omili sifatida.-Guliston.2021.

Z.Nishonova, G.Alimova. Bolalar psixologiyasi va uni o'qitish metodikasi.-Toshkent.2006.

www.ingramcontent.com/pod-product-compliance
Lightning Source LLC
LaVergne TN
LVHW010358070526
838199LV00065B/5855